Frank Weissert · Angeln für Einsteiger

Frank Weissert

Angeln für Einsteiger

Müller Rüschlikon

Einbandgestaltung: *Anita Ament*
Titelfoto: *Frank Weissert*
Abbildungen: *Frank Weissert*

ISBN 3-275-01184-7

3. Auflage 2001

Innengestaltung: *NovoTec GmbH, Stuttgart*
Druck:
Bindung:
Printed in:

Inhalt

Vorwort

Dieses Buch entstand aus dem Grundgedanken, dem Angel-Einsteiger ein möglichst griffiges, auf die wesentlichen Dinge begrenztes Buch in die Hand zu geben. Schließlich soll dir das Angeln von Anfang an Freude bereiten. Du findest hier keine verwirrende Vielfalt an Angelgerät. Vielmehr genügen ein bis zwei Ruten mit wenigem Zubehör. Möglicherweise wirst du dein ganzes Leben lang mit dieser Ausrüstung und den vorgestellten einfachen aber erfolgreichen Techniken gute Fische fangen. Jetzt wünsche ich viel Spaß beim Lesen sowie viel Freude und Erfolg am Wasser.

Frank Weissert

Stuttgart, im August 1995

f.weissert@t-online.de

Frank Weissert

Zur 3. Auflage

Von Anfang an fand dieses Buch eine große Zahl von Lesern, die sich einfach für das Angeln interessierten oder gerade die Fischerprüfung abgelegt hatten. Seit es vor ziemlich genau sechs Jahren auf den Markt kam, riss die Nachfrage zu keinem Zeitpunkt ab. Somit darf es heute als Standardwerk der Einsteiger-Literatur gelten. Mit Sicherheit liegt der große Erfolg zumindest zum Teil darin begründet, dass es im Unterschied zu anderen Werken dem Leser direkte Wege zum Fisch zeigt. Statt über das gesamte Geräteangebot des Fachhandels und alle mehr oder minder fängigen Techniken zu informieren, gibt dieses Werk nur das wirklich wichtige Wissen weiter. Und an den vorgestellten Empfehlungen und Methoden änderte sich nichts – sie fangen noch heute reichlich Fische.

Frank Weissert

Ostfildern, im August 2001

Angeln – das Abenteuer

Sprüche wie »Angeln ist doch langweilig!« musste sich bestimmt jeder Angler schon einmal anhören. Das stimmt natürlich, wenn jemand morgens nahe dem Parkplatz den Köder an dicker Schnur im See versenkt und wartet, dass zufällig ein Fisch in Selbstmordabsicht beißt. Wer sich jedoch etwas mehr Mühe gibt, entferntere Plätze erkundet, sich nur ein wenig mit der Lebensweise der Fische beschäftigt und den entsprechend ausgewählten Köder passend präsentiert, der fängt bestimmt seine Fische. Dann kann von Langeweile keine Rede sein.

Bereits das Beschäftigen mit der Natur und die Nachbarschaft zu Wasservögeln, Fischen und anderen Wildtieren sowie verschiedensten Pflanzen führt zu einem völlig anderen Verhältnis zur Welt außerhalb der Städte. Wo andere sich verloren vorkommen, findet der Angler sich zurecht. Es stört ihn nach einiger Zeit nicht mehr, sogar die eine oder andere Nacht am Wasser zu verbringen, was für weniger naturverbundene Menschen den reinen Horror bedeuten kann. Der Fischer genießt dagegen die Geräusche und Düfte der Natur.

Und beißt noch der eine oder andere Fisch, darunter vielleicht ein großer, dann ist die Sache einfach rund. Jetzt weiß der Angler, dass er sein Handwerk beherrscht und dass seine Überlegungen und Mühen tatsächlich Früchte tragen. Nicht zuletzt kann er sicher sein, sich und seiner Familie mit den Fischen etwas mit nach Hause zu bringen, was heute alles andere als selbstverständlich ist – absolut natürliche, unverfälschte Nahrung. In den Supermarkt kann jeder gehen, Fische fangen nicht.

Fischen bei Sonnenfinsternis am 11. August 1999

Ausrüstung

Generell gilt beim Gerätekauf: **Finger weg von Billigangeboten**, wo es zum Beispiel Ruten für den Preis von vier Big Mac's gibt. Denn wenn du etwas billiges von schlechter Qualität kaufst, darfst du dich nicht wundern, wenn es nicht richtig funktioniert und nach kurzer Zeit über den Jordan geht. Für ein paar Mark mehr gibt es gleich etwas Vernünftiges und das spart Geld und Ärger. Genauso solltest du dich nicht von fetzigen Farben oder hochlobender Werbung bei deiner Kaufentscheidung blenden lassen. Am besten kaufst du das Angelgerät bei einem Fachhändler, der sich die Zeit für eine richtige Beratung nimmt.

Wer seine Ausrüstung sorgfältig montiert, ist später vor bösen Überraschungen ziemlich sicher.

Vorher musst du überlegen, in welche Gewässer du befischen möchtest. Große Gewässer wie Seen oder breite Flüssen mit starker Strömung verlangen bereits eine mittelstarke Rute, während für kleine Bäche oder Teiche ein leichtes Model genügt. Außerdem solltest du beachten, wie groß die Fische in deinem Wasser werden und ob sie in Hindernisse wie Seerosen, umgestürzte Bäume oder Schilf flüchten können. Denn bei großen Fischen, vielen Hindernissen oder beidem benötigst du selbst in einem kleinen Gewässer kräftiges Werkzeug.
Es gilt der wichtige Leitspruch: **So leicht, wie möglich und so stark, wie nötig.**

Ruten

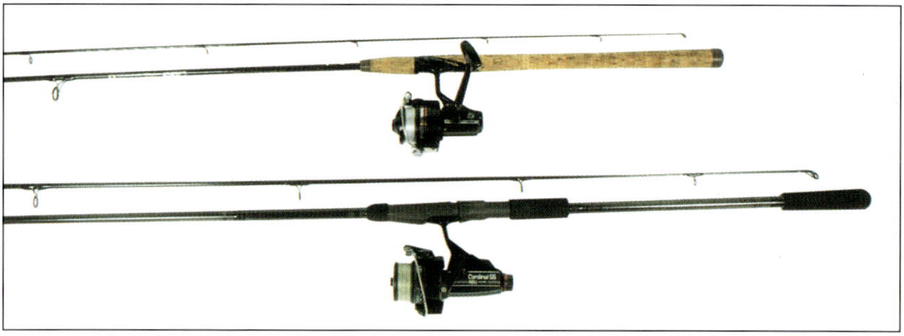

*Oben eine leichte, 2,80 Meter lange Rute mit einem Wurfgewicht von 10-40 Gramm. Der Griff besitzt eine Länge von 51 Zentimeter. Die 3,60 Meter lange Karpfenrute darunter verfügt über eine **Testkurve** von 2,5 lb und einen 70 Zentimeter langen geteilten Griff.*

Als **leichtes Standardgerät** empfehle ich eine etwa 2,80 Meter lange Rute, plus/minus zehn Zentimeter. Die Hersteller unterscheiden die Stärke einer Rute entweder durch das Gewicht, das du damit werfen kannst – oder durch das Gewicht in englischen Pfund das du an die Spitze hängen musst, damit die Rute sich zu einem Viertelkreis biegt. Ein Pfund entspricht 453 Gramm und wird mit »**lb**« abgekürzt.

LEXIKON

***Testkurve**: Diese Angabe sagt bei englischen Ruten und vielen Ruten zum Naturköderangeln aus, ab welcher Belastung die Spitze der waagerecht gehaltenen Rute senkrecht nach unten zeigt. Das dazu nötige Gewicht wird in englischen Pfund (kurz »lb«) angegeben. Wie das unter anderem im deutschsprachigen Raum übliche Wurfgewicht gibt die Testkurve die Stärke der Rute an.*
***lb**: Englische Abkürzung für »libra«, was aus dem Griechischen übersetzt »Gewicht« bedeutet. In englischsprachigen Ländern wird »lb« als Abkürzung für die englische Gewichtseinheit Pound (= 454 Gramm) verwendet. Für die Mehrzahl wird häufig ein »s« angehängt, das jedoch im Grunde sprachlich falsch ist. Trotzdem findet sich als Angabe für die Stärke einer Rute oder die Tragkraft einer Schnur beim einen Hersteller »lb« beim andern »lbs«.*

Deine Rute sollte ein Wurfgewicht von etwa 10 bis 40 Gramm (1-1 1/2 lb) besitzen. Damit kannst du von einem kleinen Spinner bis zu einer Grundbleimontage bereits eine breite Palette von Angeltechniken abdecken.

Benötigst du eine kräftigere, **mittelstarke Rute**, dann nimm eine von 3 bis 3,60 Meter Länge und 20 bis 80 Gramm Wurfgewicht (2-2,5 lb). Mit ihr lassen sich auch schon größere Köderfische werfen oder ein schweres Blei mit Köder zu weiter entfernten Angelstellen schicken.

Möchtest du einmal mehr Gewicht werfen, als auf der Rute angegeben, dann solltest du nicht mehr als ein Viertel dazuhängen – denn bei rascher Überlastung während der Beschleunigung beim Wurf kann eine Rute abbrechen. Beide empfohlenen Ruten zählen zu den Zweihandmodellen, die beim Wurf mit einer Hand oberhalb der Rolle und einer am Ende des Griffs gehalten wird. Deine leichte Rute lässt sich jedoch wie ein kurzes Einhandmodell auch nur mit der oberen Hand werfen.

Präzision und Widerstand

Die Ruten unterscheiden sich zudem durch die »***Aktion***« genannte Kurve, die sich beim Biegen der Rute zeigt. Bei einer **Spitzenaktion** verneigt sich bei Belastung zuerst die Spitze. Der als »Rückgrat« bezeichnete Rest folgt erst bei stärkerem Zug an der Schnur. Durch diese Kraftreserve kann auch auf größere Entfernungen der Haken beim ***Anhieb*** sicher in dem Fischmaul fassen. Andererseits lassen sich Spinnköder durch die feine Spitze sehr gefühlvoll führen. Auch lange Matchruten für das Posenfischen verfügen meistens über eine Spitzenaktion. Der Nachteil dieser insgesamt recht harten Ruten liegt darin, dass sie Fische im ***Drill*** nicht so schnell ermüden, wie es weichere Modelle schaffen. Außerdem schlitzt ein schlecht sitzender Haken durch den harten Druck der Spitzenaktion leicht aus.

In dieser Disziplin schlägt sich die **Mittelteilaktion** besser. Hier biegt sich die Rute zuerst bis zu ihrer Hälfte. Sie führt einen Köder noch immer mit Gefühl und ein gehakter Fisch muss gegen den ermüdend weichen Druck dieser Biegung kämpfen. Der Schrecken für große Fische ist die **durchgehende** (Parabolic-) **Aktion**, da sie im Drill die Fluchten des Fischs am »zähesten« abfedert und so den Fisch besonders rasch ermüdet. Sie stellt auch die erste Wahl beim Wurf weicher Köder dar, da sie den harten Ruck in der Beschleunigungs-Phase abfängt, der sonst einen weichen Köder vom Haken reisst. Und beisst der Fisch vielleicht in nur ein paar Metern entfernung und flüchtet sofort, kommt es durch die weich federnde Rute kaum zu einem Schnurbruch.

LEXIKON

Aktion: *Form der Biegekurve einer Rute. Es gibt Spitzen-, Mittel- und durchgehende Aktion.*
Anhieb: *Nach dem Biss des Fischs die Rutenspitze ruckartig anheben. Dadurch zieht die Schnur den Haken ins Gewebe des Fischmauls. Ohne Anhieb würde der Haken nicht fassen und der Fisch könnte den Köder wieder »ausspucken.«*
Drill: *Das Bemühen des Anglers, den Fisch ans Ufer zu ziehen. Zum Drill zählen auch die Fluchten des Fischs und andere Befreiungsversuche.*

Dieser Barsch jagte mit anderen Artgenossen in den Brutfischschwärmen. Ein rasch mit der leichten Rute in die Jagd geworfener Spinner überzeugte den Räuber.

Bequem oder zweckmäßig

Im Angelfachgeschäft kannst du zwischen zusammenschiebbaren Teleskop- und meist zweiteiligen Steckruten wählen. Die Tele-Ruten sind auf Reisen mit dem Flugzeug sehr praktisch, da die meisten Modelle in einen normalen Reisekoffer passen. Zum Angeln daheim oder wenn du mit dem Auto unterwegs bist, greifst du besser zu einer Steckrute.

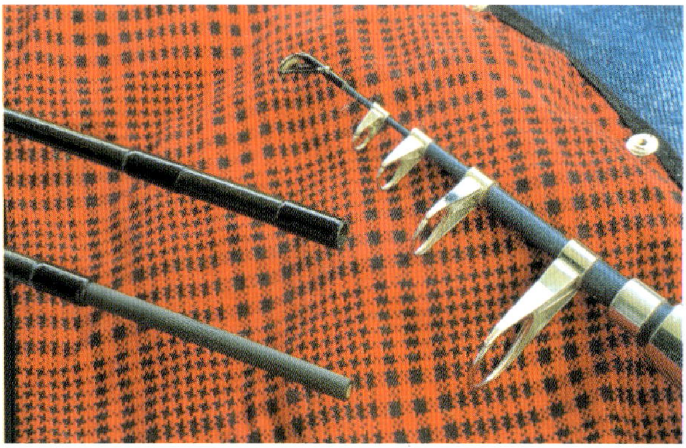

Links die Überschub-Verbindung einer Kohlefaser-Steckrute, rechts ein zusammengeschobenes Teleskopmodell mit Glasfaser-Rohling.

Die Entscheidung für eine Steckrute hat mehrere Gründe: Zunächst können die Rutenhersteller darauf mehr Schnurführungsringe verteilen, die deine Angelleine bei gebogener Rute nur wenig knicken und damit schonender führen. Die vielleicht nur halb so vielen Ringen auf einer Tele strapazieren die Schnur wesentlich mehr. Außerdem unterbricht die eine Verbindung zwischen Spitzen- und Handteil eines Steck-Modells die Biegekurve der Rute unter Belastung weniger als die einer Telerute mit vier oder mehr Übergängen zwischen den einzelnen Abschnitten. Deshalb kannst du mit einer Steckrute auch besser werfen. Nicht zuletzt wiegen Steckruten durch ihren dünneren Durchmesser weniger, was besonders beim Spinn- oder Spürfischen Kräfte spart.

Aufbau

Als Material für die **Rutenrohlinge** (Blanks) verwenden die Hersteller meist preiswerte Glas- oder teurere Kohlefaser (Carbon). Der Großteil der Blanks besteht heute aus Mischungen von Glas- und Kohlefasern. Im Unterschied zu Glasfaserruten sind Kohlefaser-Modelle wesentlich leichter und schwingen beim Werfen weniger nach, weshalb sich damit etwas weiter werfen lässt. Wie stark eine Rute nachschwingt kannst du leicht probieren: Nimm sie fest am Griff, halte die Spitze schräg nach oben und schlage die Rute mit einen kräftigen Ruck bis in die Waagerechte nach unten. Jetzt biegt sich die Spitze noch weiter nach unten und federt wieder nach oben. Dies wiederholt sich, bis die Spitze wieder stillsteht. Je schneller sie wieder zur Ruhe kommt, desto weniger schwingt die Rute nach.

Aus stabilem und vor allem glatten Material müssen die **Schnurführungsringe** bestehen, da raue Oberflächen die Schnur beschädigen und damit deren **Tragkraft** verringern. Außerdem lassen

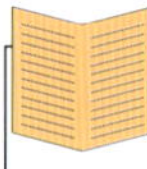

LEXIKON

Tragkraft: *1) Die Belastbarkeit einer Schnur, bevor sie reisst 2) Das Gewicht, das man maximal unter eine Pose hängen kann, ohne dass sie untergeht.*

gute Führungen die Schnur leicht gleiten und tragen dadurch zu weiten Würfen bei. Die Ringe deiner Rute sollten entweder eine Hartchrom-Beschichtung oder noch besser aalglatte Führungen aus Aluminium-Oxid besitzen. Sie tragen zum Beispiel Bezeichnungen wie Fuji-Hard oder Seymo-Hardlon. Die besten Ringe dürften momentan die Modelle mit SIC-Einlagen (**Si**lizium **C**arbid) sein. Ruten, die Ringe aus bruchanfälligen und schweren weißen Keramikeinlagen tragen, lässt du besser im Laden stehen.

An Steckruten binden die Hersteller entweder Ringe mit einem oder zwei Beinen (Stege). Ein einzelner Steg beeinträchtigt die Rutenaktion weniger, da eine Wicklung entfällt. Außerdem sind sie leichter aber auch nicht so stabil wie die zweibeinigen. Darum sollte deine leichte Rute hauptsächlich einbeinige und deine schwere Rute zweibeinige Ringe besitzen. Egal für welche Ringe du dich entscheidest, sie sollten am besten nach jedem Angeltag feucht abgewischt werden, damit keine feinen Schmutzpartikel die Schnur verletzen.

Für den **Griff** deiner Angelrute solltest du Kork wählen. Die geschliffene Rinde der Korkeiche fühlt sich angenehm an, rutscht auch mit nassen Händen nicht und lässt sich mit Wasser, Seife und einer feinen Bürste leicht reinigen. Ruten mit billigen Griffen aus Schaumstoff oder aus um den Rohling gewickeltem Leder kannst du anderen überlassen. Das hintere Griffstück sollte deutlich länger als das etwa handbreite Vordere sein. Bei der leichten Rute beträgt die Grifflänge etwa 50 Zentimeter, wodurch sich die Rute mit einer oder beiden Händen am Griff werfen lässt. Bei der mittelstarken Rute sollte der Griff insgesamt etwa 70 Zentimeter messen. Damit verfügst du auch für weite Würfe über ausreichend Hebelwirkung

Tipps zum Gebrauchtkauf

Noch mehr als bei einer neuen Rute solltest du beim Kauf einer gebrauchten auf einige Punkte achten: Die Innenseiten der Ringe dürfen keine Risse oder Einschnitte zeigen. Ebenfalls muss das Dämpfungselement zwischen Ringeinlage und Fassung unversehrt sein. Falls der Lack an manchen Stellen der Ringwicklungen oder auf dem Blank selbst fehlt, kannst du ihn mit Pinsel und Rutenlack ausbessern. Dagegen darf der Rutenrohling keine Risse zeigen oder beim Biegen knacken. Außerdem muss die Steckverbindung fest sitzen, was auch bei Teleruten für die Übergänge zwischen den Rutenabschnitten gilt. Solltest du eine ältere gut erhaltene oder gar neue Glasfaserrute der Hersteller Sportex oder Hardy´s entdecken, dann nimm sie unbedingt in die engere Wahl – denn sie sind immer noch besser, als billige Kohlefaserruten.

Eine Alternative ist der Eigenbau von Ruten. Dazu gehört schon etwas handwerkliches Geschick – aber keine Angst, die einzelnen Teile sind vorgefertigt. Der größte Teil der Arbeit betrifft das Anwickeln der Ringe. Der Vorteil liegt weniger in einem besonders günstigen Preis. Vielmehr kannst du die Rute ganz nach Wunsch zusammenstellen: Rutenrohling, Ringe, Griff und Rollenhalter, alles nach deinem Geschmack. Auch die Farbe der Ringwicklungen kannst du passend zu Rolle, Fahrrad oder Auto wählen. Die Adressen von Fachhändlern, die Rutenbau-Material liefern, stehen im Anzeigenteil von Angelzeitschriften.

und kannst das Griffende im Drill bequem an der Hüfte abstützen. Ein Rutenabschluß aus Gummi schont den Kork, wenn du die Rute auf den Boden stellst.

Am Sichersten hält ein **Schraubrollenhalter** die Angelrolle an der Rute. Bei Ausführungen aus Kunststoff behältst du bei kühlem Wetter länger warme Hände. Match- und Karpfenruten im englischen Stil werden häufig mit Schieberollenhaltern geliefert. Sie sind sehr gut für Stationärrollen geeignet, wogegen die stehend montierten Multirollen nicht sicher halten. Klapprollenhalter werden heute fast ausschließlich für lange Wettkampfruten mit dickem Handteil verwendet.

Alles in allem sollten deine Ruten also etwa so aussehen:

1. Kohlefaser-Steckrute, 2,80 Meter lang, Mittelteilaktion, Wurfgewicht 10-40 Gramm, Korkgriff etwa 50 Zentimeter lang, Schraubrollenhalter aus Kunststoff

2. Kohlefaser-Steckrute, 3,00 bis 3,60 Meter lang, Mittelteilaktion, Wurfgewicht 20-80 Gramm, Korkgriff ab 70 Zentimeter Länge, Schraubrollenhalter aus Kunststoff

Beide Ruten musst du bei einem aufziehenden Gewitter sofort einpacken, da Kohlefaser sehr gut Strom leitet – sonst wird deine Angel möglicherweise zum tödlichen Blitzableiter.

Rollen

Stationärrollen stellen den am universellsten einsetzbaren Rollentyp dar. Das abgebildete Modell verhalf zum Fang einer 54 Zentimeter langen Barbe. Die gelbgrün gefärbte fluoreszierende Schnur (Stroft Fluor) eignet sich besonders für das Fischen bei wenig Licht. Mit so einer Leine kannst du beispielsweise in der Dämmerung noch erkennen, wo der gehakte Fisch hinschwimmt, während du bei unauffälligeren Leinen mühsam die Rutenspitze beobachten musst.

Die Angelrolle diente bis kurz vor Ende des 19. Jahrhunderts lediglich als Schnurspeicher. Heute muss eine Rolle mehrere Funktionen erfüllen: Sie soll Schnur speichern, die Leine beim Wurf reibungslos freigeben, Schnur schnell wieder aufwickeln oder beispielsweise einen Blinker langsam einholen und beim Drill mithelfen, den Fisch ermüden. Bei diesen vielen Anforderungen erkennst du schon, dass eine Rolle von guter Qualität sein muss, da Sie sonst schnell vom Helfer beim Angeln zu einem Ärgernis wird.

Der Fachhandel bietet verschiedene Rollenkonstruktionen an: Am seltensten Wenderollen, häufiger Kapsel- und Multirollen sowie die am meisten gekaufen Stationärrollen, die ich für den Einstieg empfehle. Denn mit einer Stationärrolle kannst du bereits nach einem Nachmittag Wurftraining auf einer Wiese einen Köder wenigstens in die gewünschte Richtung und auf eine für die meisten Fälle ausreichende Entfernung schleudern.

Links eine Multirolle, die sich für das Werfen von Gewichten ab etwa zwölf Gramm ohne viele Hindernisse im Bereich der Rute eignet. Daneben liegt eine Kapselrolle, bei der eine Haube die Spule abdeckt. Dieser Rollentyp kommt hauptsächlich für das Fischen mit feinen Schnüren in Frage.

Die **Gehäuse** bestehen aus Aluminium oder Kunststoff. Wenn du die Wahl hast und dein Geldbeutel es zulässt, dann nimm eine stabilere Alu-Rolle. Ganz anders beim **Spulenmaterial**: Fällt eine Aluspule zu Boden und bekommt eine Macke am Rand, kann diese beim Fischen die Schnur verletzen. Dagegen macht das bei einer Spule aus Kunststoff weit weniger bis überhaupt nichts aus. Andererseits sollte man mit seinem Angelgerät vorsichtig umgehen – schließlich hängt der Erfolg auch von schonend behandeltem Gerät ab.

Die **untere Kante der Spule** sollte über das Rotorgehäuse reichen (überlappende Spule), damit keine lockere Schnur unter die Spule gerät und sich dort um die Achse wickelt. Leider neigen die durch diese Spulen nötigen weit ausladenden Rotoren zum »Eiern«, da die Hersteller die meisten Modelle bei der Konstruktion nicht auswuchten. Besonders stört das bei großen Rollen. Deshalb solltest du auch diesen Punkt vor dem Kauf prüfen, indem du die Kurbel unterschiedlich schnell drehst und dabei auf Wackelbewegungen achtest – je weniger, desto besser. Als Alternative bietet sich auch der Kauf einer älteren Rolle mit innenliegender Spule an – zum Beispiel eine Quick-Finessa von D.A.M. oder eine ABU-Cardinal. Dabei musst du nur auf lose

Schnur besser aufpassen, damit sie nicht zwischen den Spalt von Spule und Spulentopf gerät.

Schließt du den geöffneten **Schnurfangbügel** nach einem Wurf wieder, dann sollte das durch eine Kurbelumdrehung ohne viel Kraftaufwand möglich sein. Bei manchen Rollen lässt der Bügel sich nicht nur durch eine Drehung an der Kurbel schließen, sondern sich auch direkt von Hand aus jeder Position in seine entspannte Lage bringen. Allerdings darf er bei keinem noch so kräftigen Wurf von selbst umschlagen. Besonders kritisch solltest du das **Schnurlaufröllchen** am Schnurfangbügel betrachten. Da die Schnur hier im günstigsten Fall um 90 Grad geknickt wird, entsteht hier vor allem beim Drill unter Belastung die größte Reibung. Deshalb muss das Röllchen sich unbedingt drehen und darf nicht beschädigt sein.

Einen weiterer Dreh- und Angelpunkt ist die **Rollenbremse**. Sie wird so eingestellt, dass sie Schnur von der Rolle ablaufen lässt, bevor die Leine mit einem häßlichen Schnalzen reißt. Dabei sollte sie bei etwa 90 Grad gebogener Rute die Schnur absolut ruckfrei freigeben, damit keine plötzliche Überbelastung entsteht. Die Bremskraft muss sich auch von ganz leicht bis zum Blockieren einstellen lassen. Ob Drehknopf zum Einstellen auf der Spule oder hinten am Gehäuse sitzt, ist für das normale Fischen nicht wichtig. Geht es jedoch auf große Karpfen oder Welse, sollte die Wahl auf eine widerstandsfähigere Frontbremse sein.

Für einen weichen Lauf der Rolle sorgt ein präzise gearbeitetes **Schneckengetriebe** aus Messing. Die Anzahl der in die Rolle eingebauten Kugellager hat dabei nichts zu sagen, da eines an der Kurbel- und eines an der Spulenachse ausreicht.
Im Laufe der Zeit neigten die Konstrukteure dazu, die Rollen mit immer höheren Getriebeübersetzungen zu entwer-

Das Schnurlaufröllchen sollte sich immer frei drehen können.

Bei der oberen Rolle lässt sich der Bremswiderstand am Rad vorn an der Spule einstellen, während die Bremse der anderen Rolle hinten am Gehäuse liegt. Die ABU-Rolle stammt aus den 1970er-Jahren, als eine solide Metallkonstruktion des Gehäuses normal war. Bei der aktuellen Dura-Rolle von DAM ist das gegenüber anderen Modellen schon eine Besonderheit.

fen. Während noch in den 1970er Jahren eine Übersetzung von einer Kurbelumdrehung zu viereinhalb Rotorumdrehengen (1:4,5) als schnell galt, muss es heute manchmal schon 1:6 sein – dabei dürfte es mit diesem Superlativ mehr um die Verführung der Käufer gehen, als um praktische Vorteile am Wasser. Denn mit einer Hochgeschwindigkeitsrolle wird beispielsweise ein Spinnköder häufig ungewollt viel zu schnell geführt – deshalb solltest du ein Modell mit höchstens 1:5,4 wählen.

Frei gebremst

In den letzten Jahren greifen vor allem Karpfenangler häufig zu **Freilaufrollen.** Diese etwas teureren Rollen verfügen neben der normalen über einen zweite Bremse: Während Angler in stehenden Gewässern den Bügel offenlassen können, damit der Fisch beim Biss keinen Widerstand spürt, zieht in Fließgewässern bereits die Strömung Leine von einer normalen Stationärrolle. Dagegen kann der Widerstand eines Freilaufs bei geschlossenem Bügel so fein eingestellt werden, dass zwar die Strömung keine Schnur abzieht, ein Fisch jedoch keinen Gegenzug fühlt. Wird nach dem Biss oder zur Schnuraufnahme der Freilauf gesperrt, dann wirkt wieder die normale Bremse.

Bei diesem Schneckengetriebe besteht das Zahnrad aus Messing, die Schnecke dagegen aus Edelstahl.

Gleichzeitig verhindert der Freilauf, dass ein Fisch eine mit geschlossenem Bügel abgelege Rute in den Fluss reisst, was sonst vor allem bei Fluchtmontagen (mehr dazu im Kapitel »Grundangeln«) für Karpfen täglich vorkäme. Fischst du jedoch nicht regelmäßig mit dieser Methode, dann kommst du auch ohne Freilauf aus. Denn notfalls kann man auch die normale Rollenbremse auf die Strömung einstellen und die Spule zum Anhieb mit der Hand bremsen. Danach wird der Widerstand nachjustiert. Allerdings erfordert das viel Gefühl und etwas Übung, damit du sofort die richtige Einstellung findest und keinen starken Fisch verlierst.

Für die leichte Angelausrüstung genügt also eine normale Stationärrolle, die etwa 150 Meter 0,30 mm Schnur fasst. Deutlich mehr, rund 200 Meter 0,35er sollte dagegen auf die zweite, eventuell mit einem Freilauf versehene Rolle für die mittelstarke Rute passen. Auf die kleine Rolle solltest du als Erstausrüstung eine 0,22-mm-Schnur spulen, während die größere mit einer 0,30er versehen wird. Damit kommst du in den meisten Gewässern zurecht. Falls du zum Beispiel in einem mit **Kraut** verwachsenem Wasser auf größere Hechte fischst, kannst du für die große Rolle eine Ersatzspule kaufen und sie mit 0,40er füllen. Auf diese Weise lässt sich die Vielseitigkeit der Ausrüstung mit verhältnismäßig wenig Geld deutlich erweitern.

LEXIKON

Kraut: *Sammelbegriff für Wasserpflanzen*

Freilaufrollen besitzen hinten am Gehäuse einen Hebel, der den Freilauf wahlweise ein- oder ausschaltet. Über einen separaten Drehknopf kannst du den Widerstand dieser feinen Bremse einstellen.

Tipps zum Gebrauchtkauf

Neben den oben genannten Kriterien musst du eine gebrauchte Rolle noch genauer überprüfen. Wie eine neue Rolle dürfen auch die Einzelteile einer Gebrauchten nicht wackeln. Obwohl Lackschäden nicht unbedingt auf das Innere schließen lassen, weisen sie trotzdem auf eine lieblose Behandlung hin, was der Haltbarkeit der Rolle garantiert nicht förderlich ist. Wenn jedoch das Getriebe rau läuft und die Rolle ansonsten einen gepflegten Eindruck macht, fehlt in der Mechanik häufig nur etwas Fett oder einige Tropfen Öl. Dagegen solltest du auf Modelle mit Macken an Metallspule, Schnurlaufröllchen und Bügel auf jeden Fall verzichten, weil sie die Schnur beschädigen. Durch starken Gebrauch erlahmt oder bricht bei einigen Rollen die Bügelfeder, der dann nicht mehr bis zum Anschlag in seine Ruheposition zurückschnappt.

Schnüre

Links sind drei verschiedene geflochtene Schnüre zu sehen, rechts drei Sorten Monofil.

Die Spule deiner Stationärrolle solltest du bis etwa einen Millimeter unter den Spulenrand füllen. Eine geringere **Menge** führt dazu, dass der Spulenrand die Schnur beim Wurf bremst und somit die Reichweite verringert. Jedoch darf die Spule auch nicht zu voll sein, da sonst die Schnur herunterspringt und sich verwickelt. Am besten spult ein Fachhändler die Schnur von einer Großspule auf die Rolle. Das spart Arbeit und kostet sogar weniger, da du im Gegensatz zu kleinen Schnurpackungen nur die wirklich benötigte Menge bezahlen musst. Noch billiger wird es vor allem bei dünnen Leinen, wenn auf den Spulenkern zuerst eine stärkere Leine als Füllschnur kommt und erst dann 150 bis 200 Meter von der gewünschten **Schnurstärke.**

Sie sollte zu den Fischarten und deren Größe passen. Genauso sind Hindernisse im Wasser zu berücksichtigen, wie Bootsstege oder versunkene Bäume. In einem hindernisfreien Wasser reicht sogar eine 0,20 Millimeter starke Schnur, um einen

Reicht die Schnurfüllung bis knapp einen Millimeter an den Spulenrand, stimmt die Menge.

Bei den Schnüren gibt es zwei **Sorten:** Einfädige (monofile) Nylonschnüre und aus mehreren Fäden geflochtene Leinen, die inzwischen vor allem beim Spinn- und Meeresfischen viele Freunde fanden. Als Universalschnur eignet sich jedoch nach wie vor Monofil am besten. Die Stärke steht in Millimeter oder als Tragkraft in Kilogramm oder englischen Pfund (lb) auf den Spulen. Damit die Fische die Schnüre schlecht oder überhaupt nicht sehen, sollte die Leine entweder grau, grün oder braun gefärbt sein.

Vorfach

Zwar empfiehlt es sich, den **Haken nach Möglichkeit grundsätzlich direkt an die Hauptschnur zu binden.** Dadurch gibt es in der gesamten Montage nur einen Knoten. Und jeder Knoten stellt eine Schwachstelle dar, von der es so wenige wie möglich geben sollte.

Jedoch gibt es Angelsituationen, in denen erst ein **Wirbel** an die Hauptschnur geknüpft wird. An ihm hängt wiederum ein **Karabiner**. Auch hier solltest du nicht am falschen Ende sparen, da einen schlechter Wirbel oder Karabiner bei Belastung sogar im Drill brechen kann – also besser wenige Cent mehr für gute Qualität ausgeben, als einen großen Fisch verlieren.

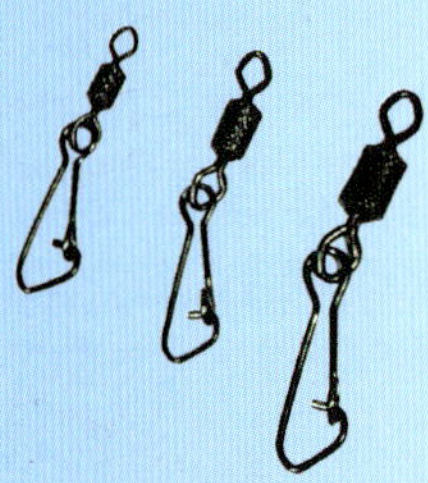

Diese Karabinerwirbel zählen zu den empfehlenswertesten Typen.

In den Karabiner kannst du das Vorfach einhängen – ein meist 15 bis 60 Zentimeter langer Schnurabschnitt mit einer Schlaufe am hinteren und dem/den Haken am vorderen Ende. Extreme Längen reichen von fünf bis über 100 Zentimeter.

Ein Vorfach verwendest du, wenn ein weicher Köder oder ein Köderfisch mit einer Ködernadel aufgezogen wird oder du mit einer Fluchtmontage angelst. Genauso macht ein Vorfach in Gewässern mit vielen Hindernissen Sinn. Bleibt dann der Haken beispielsweise am Grund hängen, reisst das gegenüber der Hauptschnur etwa 0,05 Millimeter dünnere Vorfach, wenn du an der Schnur ziehst. Auf diese Weise geht nur der Haken und vielleicht ein Schrotblei verloren, die restliche Montage ist gerettet.

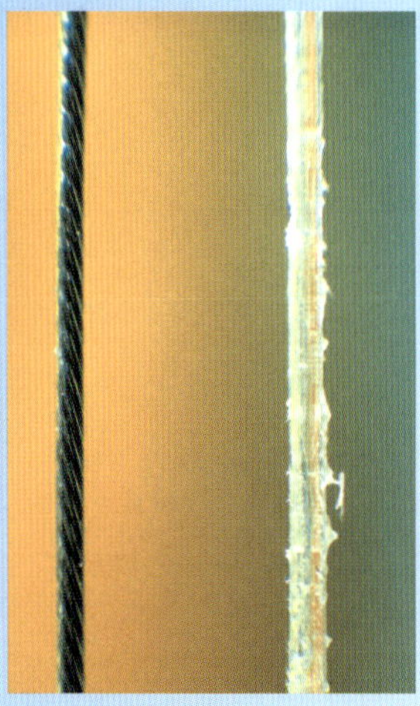

Während geflochtener Stahldraht (links) von Hechtzähnen unbeeindruckt bleibt, beschädigen sie selbst dickeres Monofil sehr schnell. Das zeigt die rechte 0,40 mm starke Schnur deutlich.

Vorfächer aus geflochtenem Stahldraht, ein **Stahlvorfach**, setzt du beim Hechtangeln oder beim Angeln mit Köderfisch und Spinnködern auf andere Arten in Gewässern ein, in denen Hechte leben. Und ein Hechtbiss ist immer möglich, wobei die Hechtzähne Monofil durchtrennen.

LEXIKON

Hauptschnur: Die Schnur auf der Rolle

Montage: Die gesamten an der Hauptschnur befestigten Teile. Das kann ein Blinker mit Stahlvorfach, eine Pose mit Blei und Haken und anderes sein.

30 Pfund schweren Karpfen drillen und zu landen, während er in einem Seerosenfeld selbst mit einer 0,35er verloren gehen kann. Meine Schnurstärkenempfehlungen habe ich bei jedem Fisch im Kapitel »Fischarten« notiert.

Deine **Schnur** solltest du bei häufigem Gebrauch spätestens nach zwei Jahren durch eine neue **ersetzen**, da bereits das Sonnenlicht sie schwächt. Deshalb sollten Angelrollen auch nie auf der Hutablage im Auto liegen, sondern dunkel aufbewahrt werden. Aber auch kleine getrocknete Schmutzpartikel aus dem Wasser scheuern auf der Leine und verkürzen deren Lebensdauer. Genauso müssen nach einem ***Hänger*** (vor allem nach einem Schnurabriss) die überdehnten und möglicherweise an dem Hindernis aufgerauten Abschnitte entfernt werden. Da sich Vögel und andere Tiere in weggeworfener Schnur verwickeln können und dann elend sterben (auch die Möwen auf Müllhalden), muss sie »entschärft« werden: schneide sie einfach in etwa handbreite Stücke.

Knoten

Zum Verbinden von Schnüren oder dem Anknüpfen von Zubehör benötigst du spezielle Knoten. Nur sie stellen sicher, dass ein großer Teil der Tragkraft erhalten bleibt. Falsch oder schlampig gebundene Knoten können sich lösen oder die Tragkraft der Schnur nicht voll nutzen.

> ***Hitze-Schutz***
>
> ***Bevor der Knoten zugezogen wird, solltest du eine trockene Schnur mit der Zunge anfeuchten. Dadurch wird die Reibungswärme beim Zuziehen des Knotens reduziert, welche die Schnur schwächen würde.***

Der einfachste Knoten bildet eine **Schlaufe**, wie sie am Ende des Vorfachs benötigt wird. Nimm das Sende der Schnur doppelt und lege das doppelte Ende im Bogen über den gewissermaßen geraden Teil. Jetzt führst du das Doppelende durch die entstandene Öffnung und ziehst den Knoten zu.

Schlaufenknoten

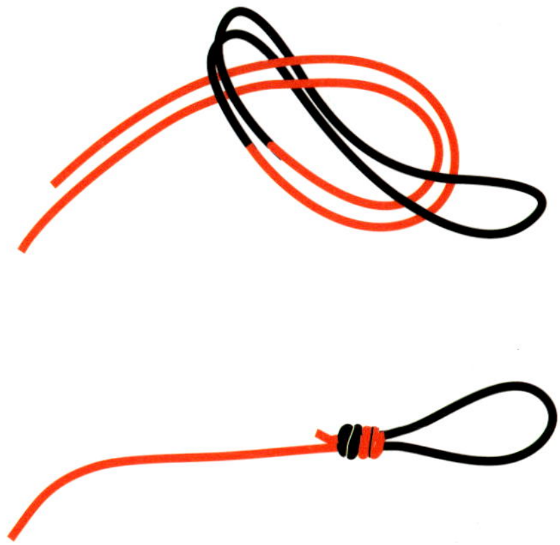

Damit die Leine sicher an **Öhrhaken, Wirbel, Kunstköder oder Spulenkern** hält, benötigst du den verbesserten Clinchknoten. Führe die Schnur zum Beispiel bei einem Wirbel zweimal durch das Öhr, sodass zwei Windungen lose um den Draht liegen. Anschließend wird das Ende mindestens fünfmal um die Hauptschnur gewunden und durch die Öffnung in der Schnur vor den Windungen am Öhr geführt. Zum Schluß steckst du zur letzten Sicherheit das Ende noch unterhalb der fünf Windungen durch den Schnurbogen.

> *LEXIKON*
>
> ***Hänger***: *Begriff für das Verhängen des Hakens oder eines anderen Teils der Montage im Gewässer.*

Öhrknoten

(gesicherter Clinchknoten)

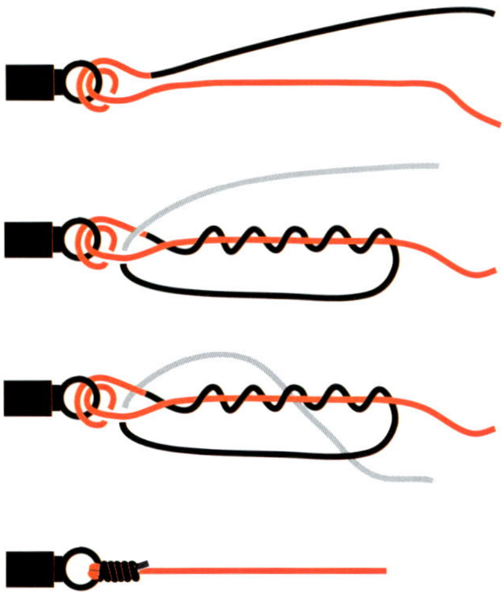

Bei kleinem Öhr die Schnur nur einmal durchfädeln.

Feine **Plättchenhaken** bindest du mit einem eigens dafür geeigneten Knoten an: Dazu legst du eine Schnurschlaufe auf den Hakenschenkel, wickelst das Ende von der Unterkante des Plättchens fünfmal um den Schenkel und die beiden Schnüre in Richtung Hakenbogen. Zum Schluß kommt das Ende durch die nun recht kleine Schlaufe und der Knoten wird zugezogen.

Knoten für Plättchenhaken

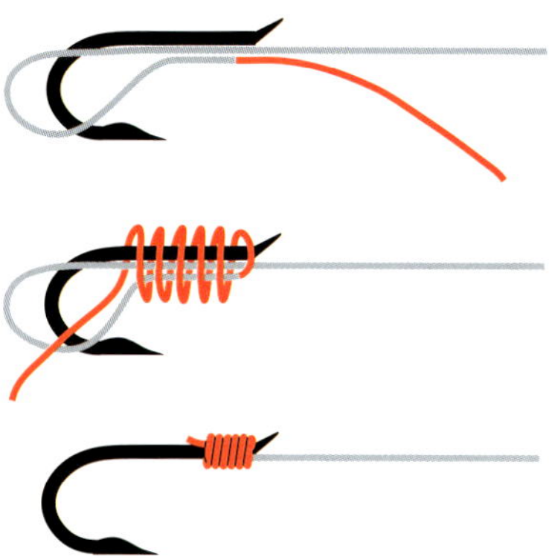

Der Blood-Knoten **verbindet Schnüre,** wie Haupt- und Füllschnur. Zunächst legst du die beiden Schnur-Enden auf etwa zehn Zentimeter parallel aufeinander. Jetzt nimmst du ein Ende, wickelst es mindestens fünfmal um die andere Schnur, führst es zurück und legst es in die Öffnung zwischen beiden Schnüren. Auf die Gegenseite kommt der gleiche Knoten, wobei das Schnur-Ende in der Gegenrichtung zum ersten Ende zwischen den Leinen durchgesteckt wird. Zum Schluß werden beide Knoten aneinander gezogen. Der Knoten verlangt etwas Übung, bewährte sich jedoch über lange Jahre und gelingt nach einiger Zeit problemlos.

Bloodknoten

zum Verbinden von zwei Schnüren

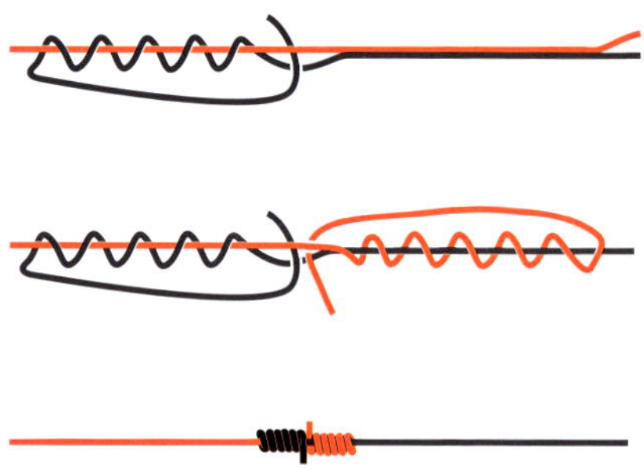

Der Knoten eignet sich auch zum Verknüpfen von Schnüren unterschiedlicher Durchmesser.

Haken

Die Haken sind kleine aber wichtige Zubehörteile, zumal nur sie direkt mit den gehakten Fischen in Verbindung stehen. Für sie meisten Angelmethoden eignet sich ein **einfacher Haken**, während zum Raubfischangeln gelegentlich und bei Kunstködern fast immer, außer beim Angeln mit Weichplastikködern, ein

Drilling an den Köder kommt. Die Hersteller kennzeichnen die **Hakengrößen** mit einem einheitlichen Zahlensystem, wobei die Maße trotzdem etwas unterschiedlich ausfallen können. Je größer die Zahl, desto kleiner ist der Haken. Die wichtigsten Größen liegen zwischen 18 und 1 – noch größere werden häufig beim Raubfischangeln verwendet, die dann mit 1/0, 2/0 und so weiter bezeichnet werden. Welche Größen sich für welche Fische und Techniken eignen, kannst du im Kapitel über die Fische nachlesen. Jedenfalls muss der Haken im richtigen Größenverhältnis zum Köder stehen.

Sonst geht es Dir vielleicht wie meinem Freundes Andreas, der einen großen Gründling an einem kleinen 4er Einzelhaken auf Grund legte. Ein großer, etwa zwölf Pfund schwerer Zander griff zu, ließ sich bis fast über den **Kescher** ziehen und schlug sich dort los – nur weil der zu kleine Haken nicht weit genug aus dem Köder herausschaute und im Unterschied zu einem großen Haken nicht tief genug im Zandermaul fassen konnte. Mein bedauernswerter Angelfreund war für Tage fix und fertig.

Die einzelnen **Hakenbestandteile** gliedern sich in Öhr oder Plättchen, Schenkel, Bogen und Spitze. Als universelle Hakenform gilt bei erfahrenen Anglern der Rundbogen. Nur wenn du mit Würmern fischst, ist ein Limerick mit zwei kleinen **Widerhaken** am Schenkel die bessere Wahl. Dadurch rutscht der Köder nicht so leicht am Stahl herunter.

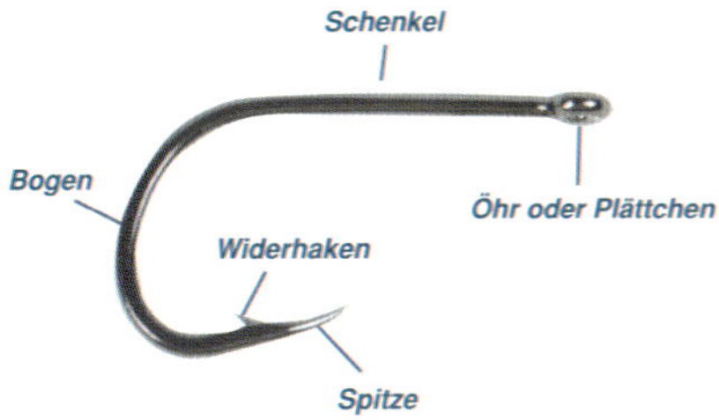

LEXIKON

Drilling: *Haken mit drei Spitzen zum Angeln auf Raubfische.*
Kescher: *Landenetz mit Stiel. Das Keschernetz sollte immer knotenlos gefertigt sein, was Verletzungen der Schleimhaut der Fische vermeidet.*
Widerhaken: *Vorsprung hinter der Hakenspitze, die das Herausfallen des Hakens aus dem Fischmaul vermeiden soll. Führt der Angler den Fisch jedoch stets an gespannter Schnur, ist der Widerhaken überflüssig.*

Mit diesen Hakengrößen und -formen bist du gut gerüstet:

Größe	***1***	***4***	***8***	***10***	***16***
Befestigung	***Öhr***	***Öhr***	***Öhr***	***Plättchen***	***Plättchen***
Oberfläche	***brüniert***	***brüniert***	***brüniert***	***brüniert***	***brüniert***

Wann immer möglich, solltest du einen Haken mit **Öhr** wählen. Denn daran lässt sich der besonders haltbare gesicherte Clinchknoten binden. Nur bei besonders kleinen und dünnschenkligen Haken kommst du nicht um ein Plättchen herum, da der Handel nichts anderes anbietet. Das Öhr kann entweder gerade nach oben oder nach außen stehen. Der Schenkel sollte kurz bis mittellang sein. Durch die im Vergleich zu langschenkligen Modellen geringere Hebelwirkung im Fischmaul gehen erfahrungsgemäß weniger Fische verloren.

Die **Drahtstärke** hängt von den zu erwartenden Fischen ab: je schwerer und kämpferischer die Fische, desto stärker der Draht. Aber auch die Hängergefahr spielt eine Rolle: Denn muss mit vielen Hängern gerechnet werden, sollten die Haken dünner sein. Dadurch lassen sie sich durch kräftigen Zug an der Schnur möglicherweise aufbiegen und dadurch die Montage retten. Allerdings müssen große Fische entsprechend vorsichtiger gedrillt werden. Auch Zanderangler bevorzugen dünndrähtige Haken, da sie leichter in das harte Maul eindringen.

Die Wahl der **Hakenspitzen** fällt leicht, da du bei mittellangen und geraden Spitzen immer richtig liegst. Ein nach links oder rechts geschränkter Bogen ist vor allem beim Fischen mit aufgefädelten, toten Köderfischen wichtig. Denn dadurch legt die Spitze sich beim Anhieb nicht an die Flanke des Köders, sondern bleibt nach außen stehen und fasst dadurch sicher im Maul des Raubfischs.

Willst du die Fische beim **Hakenlösen** nicht verletzen, dann solltest du mit einer Flachzange den **Widerhaken flachdrükken**. Dann bleibt nur noch eine kleine Wölbung stehen, durch die im Drill der Haken nicht so leicht herausfällt. Und solange du die Leine unter Spannung hältst, kann der Haken sowieso höchstens ausschlitzen. Ein plattgedrückter Widerhaken besitzt neben dem Schonen des Fisches noch einen weiteren Vorteil: Der Haken dringt beim Anhieb leichter ein, weshalb vor allem einige Spinnfischer bei großen Wurfdistanzen lieber ohne Widerhaken angeln.

Rostschutz

Da blankes Metall im Wasser schnell zu rosten beginnt, schützen die Hersteller die Hakenoberfläche meist durch eine braune oder schwarze Brünierung. Einige werden unter anderem auch vernickelt oder vergoldet. Allerdings solltest du solche Modelle möglichst meiden. Denn reisst einmal ein Fisch ab, dauert es sehr lange, bis vielleicht ein Goldhaken durchrostet und den Fisch von dem lästigen Metall befreit – ein brüniertes Modell oxidiert dagegen viel schneller.

Vor Gebrauch, nach Hängern und wann immer du einen Haken in die Hand nimmst, solltest du die **Spitze auf Schärfe prüfen**. Ist der Haken nicht mehr richtig spitz, muss ihm ein feiner Schleifstein wieder die richtige Schärfe geben.

Kescher

Während sich ein halbpfündiges Rotauge noch einfach mit der Rute aus dem Wasser heben lässt, geht das mit schwereren Fischen nicht mehr so leicht – entweder reißt die damit überlastete Schnur oder es bricht sogar die Rute. Deshalb solltest du generell einen Kescher (Landenetz) mit ans Wasser nehmen.

Zwar kämpft der Fisch noch in einiger Entfernung, jedoch sollte der Angler demnächst den Kescher in die Hand bekommen. Hier liegt er zu weit von der Angelstelle entfernt - unter Umständen ein Fehler, der zum Verlust des Fischs führen kann. Deshalb solltest du den Kescher immer direkt neben den Ruten platzieren oder beim Spinnfischen mittragen.

Dabei schützt ein **knotenloses Netz** die empfindliche Schleimhaut der Fische vor Verletzungen. Der Stiel eines Keschers besteht entweder nur aus einem Teil, oder es können mehrere ineinander steckende Stäbe teleskopartig auseinander gezogen werden. Mit einem Klip, der aus Metall und nicht aus Kunststoff bestehen sollte, kannst du das Netz an den Gürtel hängen. Kescher werden meistens mit zwei Netzführungs-Streben angeboten, die in Ruheposition am Stiel anliegen und sich beim Aufklappen davon abspreizen. Eine starke Nylonschnur stellt die obere Verbindung zwischen den Enden der Arme her. Dadurch lassen sich diese Kescher zusammengelegt bequem verstauen und transportieren.

Allerdings haben sie den Nachteil, dass sich das Netz mit den Streben gerne in dem Augenblick verheddert, wenn du alleine am Wasser bist und einen Fisch landen musst. Ohne Hilfe hat in dieser Lage schon so mancher Angler durch seinen Kescher einen Fisch verloren. Solche Modelle solltest du also nur verwenden, wenn du das Netz aufgeklappt bereit halten kannst.

Vor allem zum Spinnfischen, wo du ständig in Bewegung bist und ein aufgeklapptes und damit sperriges Netz dich nur behindern würde, nimmst du besser einen Kescher mit einem starrem Bügel mit. Auch dieser Bügel lässt sich bei einigen Modellen nach hinten in Richtung des Stiel-Endes klappen oder auf den Stiel schieben, ohne jedoch das Netz zusammenfallen zu lassen. Dadurch genügt es, den Kescher vom Gürtel zu ziehen, ihn umzudrehen und mit einer Bewegung des Handgelenks zu öffnen, um ihn einsatzbereit zu machen – das geht alles mit einer Hand.

Links liegt ein Klappkescher, daneben ein Modell mit festem Bügel.

Bei der Auswahl der **Netzgröße** solltest du immer von den größten Fischen ausgehen, die im befischten Gewässer leben, da du niemals vor Überraschungen sicher bist. Zum Beispiel hakte mein Freund Markus beim Zanderfischen einmal einen Waller von 30 Pfund – da er jedoch mit solchen Fällen rechnet, hat er immer einen großen Lachskescher dabei.

Mit seiner Hilfe konnte er auch diesen Fisch sicher landen. Kommen in einem Forellenbach dagegen nur höchstens einen halben Meter lange Fische vor, genügt hier ein entsprechend kleines Netz. Deinem Gewässer solltest du auch die Länge des Stiels anpassen. Kommst du direkt an das Wasser heran, reicht eine Gesamtlänge des Keschers von etwa anderthalb Metern völlig aus. An einem Kanal mit Betonböschung können dagegen selbst 250 Zentimeter noch zu kurz sein. Achte beim Kescherkauf auch darauf, dass seine Einzelteile ausgeklappt möglichst wenig wackeln.

Abgesehen von Rute, Rolle, Schnur und Kescher geht ohne ein paar Kleinteile beim Angeln wenig. Und einige Dinge sind sogar gesetzlich vorgeschrieben:

Arterienklemme

Ein gebogenes, etwa 18 Zentimeter langes Modell ist der universellste Helfer zum Herausziehen auch tiefer im Maul sitzender Haken.

Schlegel

Dieser gewichtige Fischtöter dient zum waidgerechten Abschlagen des Fischs. Entsprechende Werkzeuge gibt es im Angelladen. Alternative: Ein Hammerstiel.

Messer

Es dient zum Abstechen des Fischs, zum Ausnehmen und macht sich bei verschiedenen weiteren Arbeiten nützlich.

Zubehör von links: Messer, Schlegel, Arterienklemme, Rachensperrer und Maßband

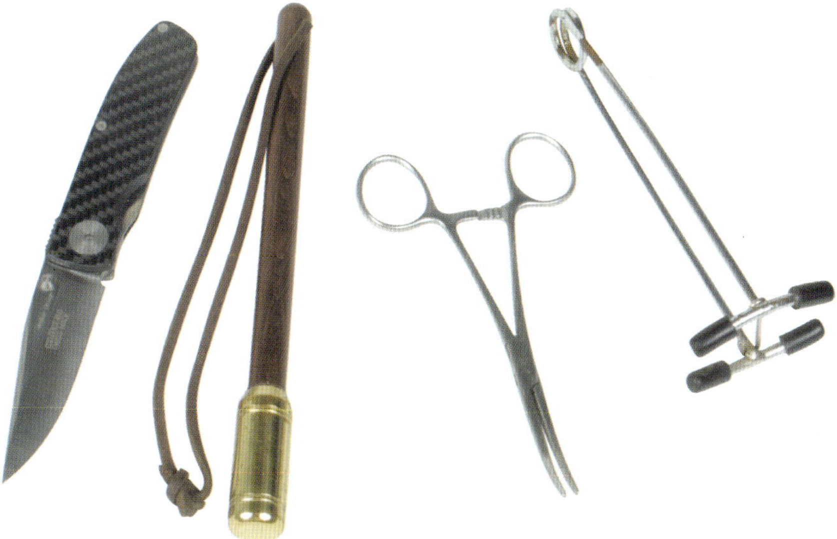

Maßband

Damit kannst du feststellen, ob der Fisch das zum Mitnehmen erforderliche Mindestmaß erreicht hat.

Ködernadel

Sie hilft beim Aufziehen von weichen Ködern, wie Frühstücksfleisch, auf das Vorfach. Auch tote Köderfische lassen sich damit **auffädeln**.

Ohne Ködernadel lassen sich einige Köder nicht vernünftig auf den Haken ziehen. Die roten Perlen darunter benötigst du für Posen- und Grundmontagen.

LEXIKON

Auffädeln: *Aufziehen eines Köders auf ein Vorfach mit der Ködernadel*

Werfen

Bei allen Wurfarten hält ein Rechtshänder die Rute mit der rechten Hand, wobei der Rollenfuß der Stationärrolle zwischen Ring- und Mittelfinger liegt. Bei Linkshändern funktioniert alles sinngemäß mit der linken Hand. Jetzt wird die Schnur vom Schnurfangröllchen der Rolle auf die Spitze des rechten Zeigefingers genommen und der Schnurfangbügel geöffnet. Damit du den Köder nun zu den Fischen befördern kannst, musst du nur zwei Würfe beherrschen.

Vor dem Wurf nimmt der Zeigefinger die Schnur auf, dann öffnet die andere Hand den Schnurfangbügel.

Unterhandwurf

Der **Unterhandwurf** eignet sich speziell **für kurze Entfernungen und Würfe unter Hindernisse**, wie überhängende Zweige. Für diesen Wurf muss der Köder oder das Blei wenigstens einen Meter unter der waagrecht gehaltenen Rutenspitze hängen. Durch kurze, sanfte Auf- und Abbewegungen der Spitze und gleichzeitige waagerechte Vor- und Zurück-Bewegungen mit dem Unterarm der Rutenhand bringst du den Köder ins Pendeln. Sobald er beim Rückschwung bis kurz unter die Rute kommt, wird die Rute bis zu etwa der 8-Uhr-Position eines gedachten Ziffernblatts in Richtung Boden beziehungsweise Wasseroberfläche gesenkt und mit Schwung wieder in die 10-Uhr-Position gebracht. Jetzt hat der Köder seine maximale Beschleunigung vor der Rutenspitze erreicht und du kannst die Schnur vom Zeigefinger freigeben – der Köder fliegt.

Überkopfwurf

Beim **Überkopfwurf** bewegt die Rutenspitze sich dagegen mit Schwung über die Schulter bis etwa ein oder 2 Uhr nach hinten. Hat der Köder seine hinterste Position erreicht, wird die Rutenspitze wieder nach vorn beschleunigt. Sobald die Rute und damit auch der Köder wieder auf 10 Uhr zeigen, gibst du die Leine frei. Dieser Wurf kommt hauptsächlich **für weite Würfe oder bei einem Hintergrund ohne gefährlich nahe Hindernisse wie Büsche oder Bäume** in Frage.

1. Pendeln und zielen. Beim Wurf mit der Zweihandrute hält die zweite Hand die Rute zusätzlich hinten am Griff.

2. Rutenspitze zügig über die Schulter führen, das Wurfgewicht bis zum hintersten Punkt schwingen lassen und die Rute mit Schwung wieder nach vorn drücken.

3. Rute weiter nach vorn ziehen und die Schnur loslassen, sobald die Spitze noch leicht nach oben zeigt. Denn jetzt ist die stärkste Beschleunigung erreicht. Auf diese Weise erreicht die Montage die größten Wurfweiten.

Seitenwurf

Stehst du vielleicht unter einem Baum und hast zu wenig Platz für den Überkopfwurf, kannst du die Rute seitlich von dir führen. Dieser **Seitenwurf** ist einfach ein schräg gelegter Überkopfwurf.

Grundangeln

Gehen Fried- oder Raubfische auf oder kurz über dem Gewässerboden auf Nahrungssuche, bietet sich das Angeln ohne Pose als fängige Technik an. Denn vor allem in stärkerer Strömung ist der Schwimmer jetzt nicht unbedingt die optimale Lösung und das Grundangeln bietet zudem einige spezielle Möglichkeiten. Normalerweise zieht beim Grundangeln ein Blei den Köder auf den Gewässerboden. Der Haken wird entweder direkt an die Hauptschnur gebunden oder in »hängergefährlichen« Gewässern an einem dünneren Vorfach angebracht.

Ein stattlicher Döbel nahm die für Karpfen gedachten Frolic-Ringe.

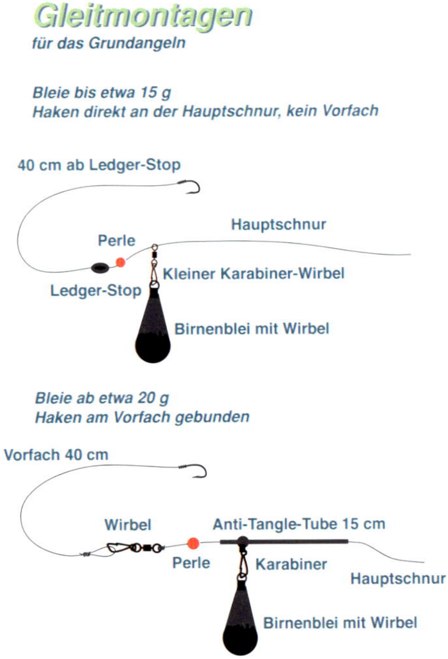

Rutengabeln mit teleskopierbaren Erdspießen eignen sich für die meisten Ufer.

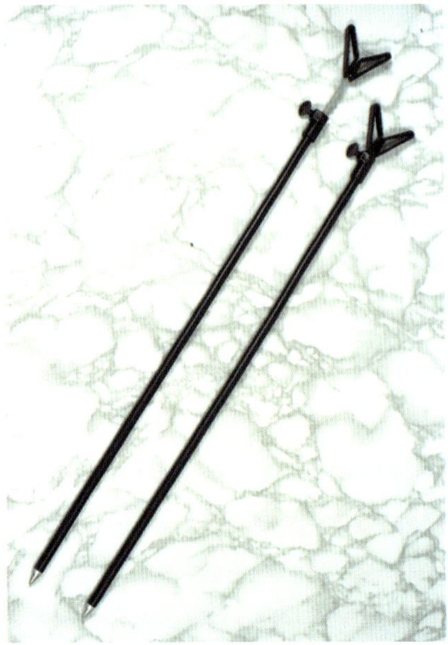

Rutenhalter

In den meisten Fällen verwenden Grundangler einen Rutenhalter zum bequemen Ablegen der Rute. Die gebräuchlichste Form ist dabei eine ein- oder zweiteilige Aluminiumstange mit einer Gabel am oberen Ende. In der Mitte zwischen den Gabelarmen sollte ein Schlitz eingearbeitet sein, durch den die Schnur läuft. Auf einen dieser in die Erde gesteckten Halter wird der Rutengriff und auf einen zweiten der etwa 50 bis 70 Zentimeter davor liegende Teil der Rute gelegt. Da vor allem beim Angeln mit Laufblei die Schnur möglichst reibungsarm ablaufen soll, muss die Rute auf dem Halter so ausgerichtet werden, dass die Rutenspitze möglichst genau auf den Köder zeigt. Beim Angeln im Fluss nimmst du dagegen am besten ein Dreibein (engl. High Pod), das die Rute steil nach oben hält. Sie steht dabei in einem Winkel von 90 Grad zur Schnur.

Bleie

Ein Blei kommt in jedem Fall dann auf die Schnur, wenn leichtere Köder wie Mais verwendet werden, in strömenden Gewässern gefischt wird oder größere Wurfweiten erforderlich sind. Auch eine Weißbrotflocke oder -kruste benötigt wenigstens ein Spaltblei, das den sonst schwimmenden Köder in die Tiefe zieht.

Am häufigsten verwenden Grundangler Birnenbleie, die meist mit einem eingegossenen Wirbel auf die Leine gezogen werden. Manche Bleie besitzen nur einen Drahtbügel, der in den Karabiner eines auf die Schnur gezogenen Wirbels eingehängt wird. Als Universalbleie solltest du Birnenbleie in Gewichten von 10, 15, 25, 40 und 80 Gramm in eine stabile Weichplastik-Schachtel packen. Besonders gut eignet sich zum Transport auch eine Wurmdose mit Schnappdeckel.

Frei fischen

Bei schweren Ködern wie Teig oder Köderfischen besteht alternativ zur Grundbleimontage die Möglichkeit, den Köder unbeschwert anzubieten. Dadurch spürt ein Fisch beim Biss so gut wie keinen Widerstand und selbst große, erfahrene Exemplare fassen häufig arglos zu.

Mit Birnenbleien in Gewichten von 8 oder 10 bis hinauf zu 80 Gramm bist du für die meisten Verhältnisse beim Grundangeln gut versorgt.

Anti Tangle Tube

Gegen Verwicklungen des Vorfachs mit der Hauptschnur hilft beim Grundangeln ein wenigstens 15 cm langes Kunststoffröhrchen (Anti Tangle Tube). Über einen Karabiner an der Seite kann dann beispielsweise ein Birnenblei eingehängt werden.

Bleikugeln benötigst du in hindernisarmen Fließgewässern, wenn schräg flussabwärts geworfene Köder durch den Strömungsdruck quer über den Grund bis zum eigenen Ufer getragen werden sollen. Dabei wird mit einem Wurf eine große Strecke nach Fischen abgesucht. Besonders beliebt ist diese Technik beim Angeln auf Döbel und Barben. Im Unterschied zu den Kugeln bleiben die nach ihrer Form benannten, flachen Sargbleie auf dem Grund liegen. Sollte sich dieses Blei trotzdem bewegen, muss ein höheres Gewicht gewählt werden.

Futterkörbchen und -spiralen

Eine Alternative zum Blei bieten die Futterkörbchen oder Futterspiralen. Mit ihnen kann eine Angelstelle punktgenau in der Nähe des beköderten Hakens angefüttert werden. Du kannst sie mit Anfüttermaterial wie angefeuchtetem Paniermehl füllen. Zusätzlich sollten sich einige Köder im Körbchen oder der Spirale befinden, wie sie auch auf dem Haken stecken (zum Beispiel Mais oder Maden). Damit sich auch leichtes Futter verwenden lässt, sind einige Körbchen zusätzlich mit einem Bleistreifen beschwert.

Spürangeln

Auch in Bächen und kleinen Flüssen eignen sich einige Spaltbleie als Beschwerung. Bei dieser als »Spürangeln« bezeichneten Methode werden vermutete Standplätze oder gesichtete Fische mit leichtem Gerät angeworfen, wobei der Angler die Rute in der einen Hand hält. Der Zeigefinger der anderen Hand hält die Schnur etwas seitlich von der Rute und ertastet so bei gespannter Leine die Bisse. Diese Technik ist eine sehr aktive und besonders fängige Form des Grundangelns.

Beim Spürangeln ertastet ein Finger an der Schnur die Bisse.

Bissanzeige im Fluss

Beobachtest du beim Grundfischen in Fließgewässern bei geschlossenem Schnurfangbügel und gespannter Schnur die Rutenspitze, zeigt sie dir durch mehr oder weniger heftige Rucke die Bisse an. Allerdings ist diese Methode recht grob, weshalb hauptsächlich eher weniger vorsichtige und damit in der Regel kleinere Fische nicht durch den verhältnismäßig starken Widerstand abgeschreckt werden – ein kapitales Exemplar kann andererseits die Rute ins Wasser reißen.

Das Dreibein hält die Rutenspitzen hoch, wodurch wenig Schnur in der Strömung liegt. Ansonsten würde sie einen großen »Bauch« in die Leine drücken und so die Bissanzeige erschweren. Zudem wäre ein schwereres Blei nötig, damit die Montage liegenbleibt.

Damit die Strömung möglichst wenig in die Schnur drückt, was eine gute Bissanzeige erleichtert und auch ein leichteres Blei am Grund liegen lässt, sollte die Rutenspitze steil nach oben zeigen. Für diesen Zweck gibt es spezielle Dreibein-Rutenhalter. Auf diese Weise hält die Spitze ein gutes Stück der Schnur vom Wasser fern. In der Dämmerung oder bei Nacht wird ein Knicklicht an der Rutenspitze befestigt, was einen Biss deutlich einfacher erkennen läßt. Möchtest du jedoch nicht stundenlang auf die Spitze starren, kannst zusätzlich oder alleine ein Aalglöckchen anklemmen. Bei einem Biss scheppert es meistens zuerst etwas verhalten und dann laut und deutlich. Jetzt bist du mit dem Anhieb dran.

Manchmal zieht die Strömung den Köder jedoch einige Zentimeter mit sich und gleichzeitig die Hauptschnur durch das Laufblei, bevor die Schnurspannung diese Bewegung stoppt. Beißt jetzt ein Fisch und schwimmt mit dem Köder stromauf, verliert die Leine ihre Spannung und der Bissanzeiger fällt zurück - der Anhieb muss sofort folgen.

Fluchtmontage

Montierst du das Blei bei normalen Grundtaktiken frei auf der Schnur laufend, so fischst du bei der Fluchtmontage mit fest angebrachtem Gewicht. Diese Methode bringt eine völlig neue Möglichkeit mit sich – größere bis kapitale Friedfische haken sich in Fluss und See fast von selbst.

Voraussetzung dafür ist, dass du den **Köder an einem Haar** anbietest. Dabei steckt der Köder nicht auf dem Haken, sondern wird an einem kurzen Schnurstück befestigt, das wiederum am Eisen angebracht ist. Saugt der Fisch den Köder ein, nimmt er gleichzeitig den Haken mit.

Fluchtmontagen eignen sich ideal für das Angeln in der Nacht, da es kaum Fehlbisse gibt. Meldet sich der Bissanzeiger, hängt ziemlich sicher ein Fisch.

Dieser Spiegelkarpfen von etwa zehn Pfund ging morgens um 4.15 Uhr in einem Baggersee an die Fluchtmontage.

Verwendest du jetzt noch statt einem laufenden ein fest montiertes **Blei**, erschrickt der Fisch beim Wegschwimmen. Denn das wenigstens 50 Gramm schwere Blei hält den Haken fest, der den Fisch im Maul piekst. Meist flüchtet der Fisch sofort und hakt sich durch den Widerstand des Gewichts fast von selbst. Allerdings muss auch der Haken dazu superscharf sein.

Jedoch muss die **Rollenbremse** weitgehend offen stehen, damit der Fisch sofort Schnur nehmen kann ohne die Rute ins Wasser zu reißen. Ein offener Bügel eignet sich nicht, da beim Abspulen von lockerer Schnur der direkte Kontakt verloren geht. Und er ist für die sofortige Bissanzeige absolut notwendig. Eine optimale Lösung ist eine Stationärrolle mit **Freilauf.** Weiteres dazu erfährst du im Rollen-Kapitel weiter vorn im Buch.

Als Gewicht wählst du am besten ein »**Inline**«**-Blei**, bei dem die Schur durch ein weiches Kunststoff-Röhrchen läuft. Das Ende am Blei steckst du auf das Tönnchen eines Wirbels passender Größe. Mit dieser Montage sitzt das Blei so fest auf dem Wirbel, dass es bei einem Biss sicher hält.

Reißt jedoch im Drill einmal die Hauptschnur, bleibt das vom Fisch mitgeschleifte Blei in Kürze an einer Wurzel oder ähnlichem hängen und der Fisch streift das Gewicht vom Wirbel und ist frei. Ein völlig fest angebrachtes Blei würde sich dagegen irgendwann unlösbar verhängen und der noch immer am Vorfach hängende Fisch elend sterben.

Fluchtmontage

mit Haar und halbfest angebrachtem Blei

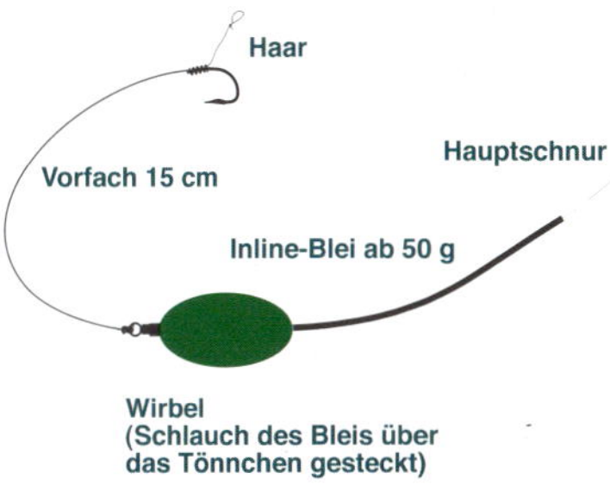

Einstellungs-Sache

Beim Fischen mit einer Fluchtmontage wird die Rollenbremse oder der Freilauf nur so fest eingestellt, dass die Strömung gerade so keine Schnur abziehen oder beim Fischen in stehenden Gewässern die Spule selbst bei einem kräftigen Biss nicht überdrehen kann.

Den **Biss** *erkennst du entweder beim Beobachten der Spule oder du hörst die Rätsche der Bremse knarren, wenn der Fisch abzieht. Wer nicht ständig angespannt auf ein Signal der Rolle lauschen möchte, kann entweder einen* **elektronischen Bissanzeiger** *montieren oder ein Aalglöckchen die Rutenspitze klemmen. Es meldet sich beim Biss, da die Rute während Abziehen der Schnur normalerweise etwas wackelt – besonders, wenn die Rute in einem leichten Winkel zur Schnur liegt. Auch wenn ein kleiner Fisch beißt, der keine Schnur abzieht, bleibt er nicht unbemerkt.*

Allerdings kann der Fisch genauso direkt auf dich zuschwimmen, was als **Fallbiss** *bezeichnet wird. Da fällt die Schnur locker und der Bissanzeiger meldet sich in diesem Fall meist nicht. Für diesen Fall solltest du einen* **zusätzlichen mechanischen Bissmelder** *in die Schnur hängen. Davon gibt es unterschiedliche Ausführungen, wobei ich einen mit einem Gewicht versehenen Swinger empfehle (siehe Kasten rechts). Mit dem Glöckchen geht beim Fallbiss nichts.*

Nach dem Biss nimmst du die Rute in die Hand, kuppelst bei einer Freilaufrolle mit einer Kurbelumdrehung die Zusatzbremse ein und setzt zur Sicherheit einen sachten Anhieb. Bei einer Rolle ohne Freilauf bremst die Rollenhand die sich drehende Spule und nach dem Anhieb stellst du den Widerstand der Bremse richtig ein (siehe auch Kapitel Rollen). Beim Fallbiss holst du zuerst soviel Schnur ein, bis die Leine etwas gespannt ist. Erst dann kann der Anhieb zum Fisch durchkommen.

Der elektronische Bissanzeige meldet Bewegungen der Schnur. Schwimmt der Fisch mit der Fluchtmontage auf die Rute zu fällt die Schnur locker und der eingehängte Swinger zieht sie ein Stück weit durch den E-Bissmelder. Auf diese Weise bemerkst du auch diese Bisse.

Elektrik-Trick

Die modernen elektronischen Bissmelder bieten die eleganteste Lösung für fast alle Bereiche des Grundangelns auf große Fried- und Raubfische in stehenden und langsam strömenden Gewässern. Sie melden den Biss durch einen Ton und/oder eine Lichtanzeige. Allerdings kosten die Geräte je nach Qualität und Markennamen allerdings leicht 50 Euro oder mehr. Unter anderem bewährte sich der preisgünstige »»Carpsounder Standard« sehr gut.

Wer den E-Bissanzeiger bei Fluchtmontagen optimal einsetzen möchte, kombiniert ihn mit einer mechanischen Anzeige in Form eines »Swingers« (engl. für »Schwinger«). Dieser mit einem Gewicht beschwerte, bewegliche Arm aus sehr dickem Draht wird am Rutenhalter befestigt und die Schnur nach dem Spannen in einem Klip eingehängt. Je nach eingestelltem Widerstand gibt er die Schnur leichter oder schwerer frei.

Bei einem Fallbiss lockert sich die Schnur und der Schwinger fällt nach unten und zieht Schnur durch den E-Bissmelder, der die Bewegung anzeigt. Auf diese Weise bleibt kein Biss unbemerkt. Geräte-Tipp: Der Euro-Swinger der Firma Fox – nicht billig aber zuverlässig.

Mit offenem Bügel

In Teichen und Seen reicht es beim Karpfenfischen mit Laufblei meistens aus, den Schnurfangbügel zu öffnen und die Leine mit einer kleinen Schlaufe unter einen Gummiring an der Rute klemmen. Auf diese Weise hängt nicht allzuviel Schnur durch.

Beim **Biss** eines Karpfens, schwimmt er meistens mit dem Köder so vehement davon, dass die Schnur regelrecht von der Rolle rauscht. Jetzt musst du nur die Rute aus dem Rutenhalter nehmen, den Bügel schließen und dem Strecken der Schnurklänge einen Anhieb setzen. Nur bei Wurfentfernungen ab etwa 50 Meter

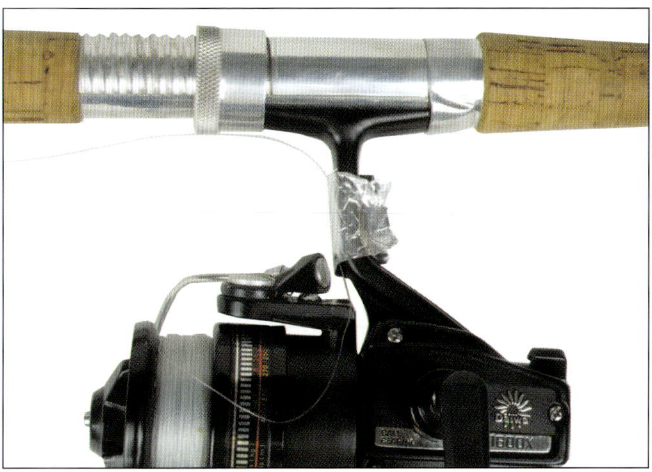

Beim Karpfenangeln mit offenem Bügel kannst du als Bissanzeiger einen Streifen Alufolie um die Schnur legen und sie sachte um den Rollenfuß drücken. Beim Biß reißt der Fisch die Folie herunter.

solltest du die Rute richtig mit Schwung nach oben hebeln. Bei kurzen Distanzen hakt sich der Fisch bei angehobener Rutenspitze durch seine Bewegung dagegen so gut wie von selbst.

Die Palette der **Bissanzeiger** für das Karpfenfischen ist fast unbegrenzt. Am einfachsten legst du ein Aalglöckchen auf die Spule, das beim Abziehen der Schnur scheppernd auf den Boden fällt. Statt dem Glöckchen kannst du aber auch zum Beispiel ein Steinchen verwenden. Vor allem wenn starker Wind bläst, kann die Schnur mit einem Stück Alufolie leicht an den Rollenfuß geklemmt werden. Bei einem Karpfenbiss fliegt das Flachmetall weg und die Schnur saust ungehindert von der Spule. Als optimale Bissanzeiger stellten sich wiederum die elektronischen Modelle heraus.

Zitter- und Schwingspitze

Eine sehr feinfühlige Methode ist das Grundfischen mit einer Zitter- oder Schwingspitze. Dazu musst du die Rute allerdings mit einem Spitzenring mit Innengewinde versehen, in das eine dieser feinen Rutenverlängerungen eingedreht wird.

Schwingspitzen hängen von der Rutenspitze nach unten und eignen sich besonders für Seen und Teiche. Schwingspitzen gibt es nur als Zubehör zu kaufen.

Die gewissermaßen eine gerade Verlängerung der Ruten bildenden **Zitterspitzen** verkauft der Fachhandel in verschiedenen Stärken für unterschiedlich kräftige Strömungen. Diese Bissmelder eignen sich vor allem für fließende Gewässer. Unter den englischen Bezeichnungen »Winklepicker« und »Quivertip« gibt es mit den passenden Spitzen versehene Ruten direkt ab Werk.

Die **Rute** liegt bei beiden Spitzen etwa parallel zur Wasseroberfläche. Entweder legst du sie auf ein Knie oder auf einen Rutenhalter. Allerdings muss auch beim Angeln mit Rutenhalter möglichst immer eine Hand für einen überraschenden heftigen Biss an der Rute liegen, da mit auf die Schnurstärke eingestellter Bremse gefischt wird. Sonst fliegt die Rute bei einem rabiat beißenden Wasserbewohner in Richtung Fisch.

Links eine Zitterspitze, rechts eine Schwingspitze in Aktion.

Ein **Biss** kann sich an der Zitter- oder Schwingspitze ganz verschieden äußern. Grundsätzlich ist alles verdächtig, was die Spitze aus ihrer Ruheposition bringt. Wenn jedoch die Spitze sich verhältnismäßig langsam und rhythmisch bewegt, rollt nur das Blei über den Grund. In diesem Fall solltest du entweder die Rute steiler halten und somit Schnur aus der Strömung nehmen oder ein höheres Gewicht wählen.

Das Beißen beginnt meist mit einem leichten, ruckartigen Zupfen an der Spitze – ein Fisch untersucht den Köder. Spätestens jetzt sollte sich deine Hand am Rutengriff befinden. Sobald die Spitze anhaltend in Bewegung bleibt, hat der Fisch den Köder genommen und du kannst den Anhieb setzen.

Raubfisch-Biss und -Anhieb

Für die Bissanzeige beim Grundangeln auf Raubfische eignen sich grundsätzlich die Friedfisch-Techniken. Jedoch muss immer sicher gestellt sein, dass der Fisch mit dem Köder möglichst ohne Widerstand abziehen kann und somit keinen Verdacht schöpft.

Das ist besonders wichtig, wenn du den Köderfisch nur mit einem **Einzelhaken** »bewaffnest«. Denn in diesem Fall muss der Räuber den Köderfisch im Maul zuerst drehen, bevor er zum Schlucken in der richtigen Position (Kopf in Richtung Schlund) liegt. Erst jetzt kann der Haken richtig fassen, da er sich zum einen wirklich im Maul befindet und zum anderen der Hakenschenkel in einer Linie zur Hauptschnur liegt. Auf diese Weise kommt der Anhieb optimal durch.

Somit solltest du nach dem Biss den Fisch erst abziehen lassen, bis er stehenbleibt. Jetzt dreht er den Köder und schwimmt wieder davon, um seine Beute zu schlucken. Der Anhieb erfolgt, nachdem der Fisch die Schnur gespannt hat – wie beim Karpfenfischen. Allerdings muss er deutlich härter kommen, damit der Haken in das bei den meisten Räubern härtere Maul eindringt.

Nur **sehr kleine Köderfisch oder Fischfetzen** »inhaliert« der Räuber in einem Zug und der Anhieb kann sofort erfolgen. Bei einem Raubfisch von vernünftiger Größe wird der Haken greifen, ansonsten hast du nur einen kleinen Räuber erschreckt. Der sofortige Anhieb kann genauso bei einer Montage mit zwei Drillingen erfolgen, von denen wenigstens einer gleich beim Biss im Maul liegt (siehe Kasten auf der nächsten Seite).

Anködern
von toten Köderfischen

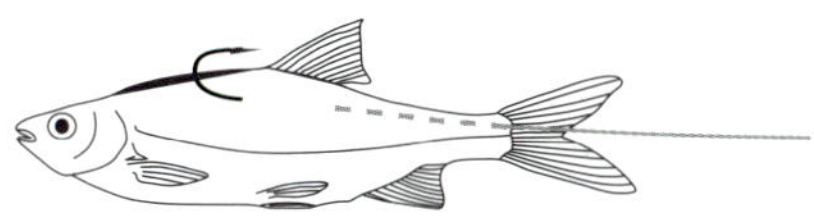

Aufgefädelter Köderfisch am Einzelhaken

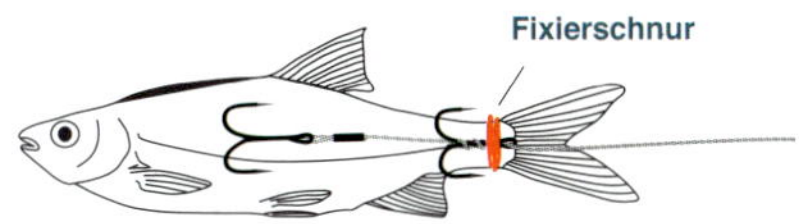

Sofortanschlag-System mit zwei Drillingen

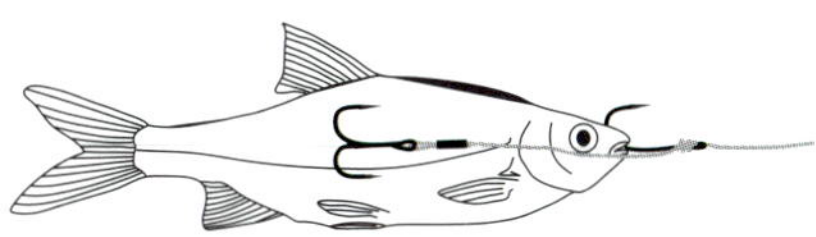

Schnellanschlag-System mit einem Drilling

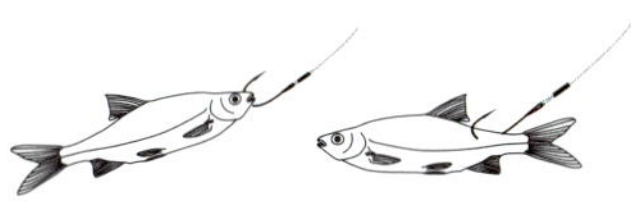

Kleine, wiederum tote Köderfische am Einzelhaken

Ein letzter Blick auf einen schönen Hecht kurz vor dem Zurücksetzen.

Große Köder, schneller Anhieb

Mit einem Sofortanhieb-System lassen sich selbst Bisse auf größere Köderfische rasch anschlagen. Dabei schiebst du auf ein Stahlvorfach mit Drilling einen zweiten Dreier-Haken. Das vordere Eisen wird mit einer Spitze etwa kurz hinter der Brustflosse des Köders eingestochen, der hintere kommt kurz vor den Schwanz. Danach wird das Vorfach mit einem Stück Angelschnur oder Wolle an der Schwanzwurzel fixiert. Bei einem Biss kann der Anhieb erfolgen, sobald der Räuber flott abzieht und somit den Köder im Maul trägt. Auch hier gilt: Nur bei einem zu kleinen Räuber wird keiner der Haken fassen – also kein Anlaß zum Ärgern.

Hat ein Räuber den Köderfisch trotz aller Umsicht des Anglers tief geschluckt, sitzt der Haken entsprechend tief im Schlund. Möchtest du den Fisch **zurücksetzen**, musst du in diesem Fall das Vorfach abschneiden. Denn die meisten Operationen mit der Lösezange führen zum Tod des Fischs durch Verbluten. Dagegen rostet ein brünierter Haken bald durch und der Fisch ist seinen lästigen Ballast samt Vorfach wieder los. Allerdings geht das nur mit Einzelhaken, da ein Drilling den Schlund verschließt und der bedauernswerte Räuber verhungern müsste.

LEXIKON

Anschlagen: *siehe Anhieb auf Seite 10*
Zurücksetzen: *Den Fisch nach dem Fang vorsichtig wieder freilassen*

Posenfischen

Die Pose (Schwimmer) muss mehrere **Aufgaben** erfüllen: Zunächst soll sie den Köder in einer bestimmten Wassertiefe halten. Das kann wenige Zentimeter unter der Wasseroberfläche, direkt über dem Grund oder je nach Aufenthaltsort der Fische auch irgendwo zwischendrin sein. Zudem soll der Schwimmer zeigen, wenn sich ein Fisch für den Köder interessiert und schließlich beißt.

Karauschen beißen häufig sehr vorsichtig, weshalb sich Posen mit feiner Spitze am besten auf diese Fischart eignen. Sie zeigen selbst sachte Bisse an.

Posen-Ausführungen

Du kannst den Schwimmer auf zwei Arten an der Hauptschnur befestigen. **Feststellposen** sitzen stationär, jedoch vom Angler durchaus zu verschieben an einer Stelle der Schnur und eignen sich hauptsächlich zum Angeln in geringerer Tiefe. Bereits bei Strecken zwischen Haken und Pose von über 2,5 Meter werden diese Montagen bei einer rund drei Meter langen Rute unhandlich.

Feststell-Montage

für Wassertiefen bis etwa 2,5 Meter

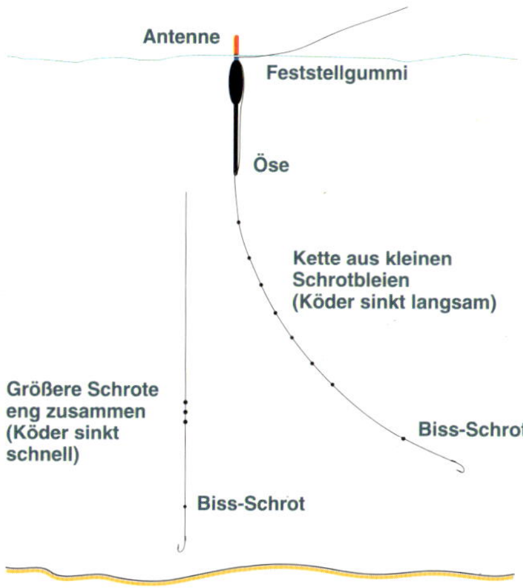

Gleitposen (Laufschwimmer) lassen sich dagegen auch für große Tiefen verwenden. Sie laufen frei auf der Hauptschnur, wobei das Blei den Köder in die Tiefe zieht und die Schnur durch ein Röhrchen oder eine Öse des Schwimmers gleitet. Die Tauchfahrt des Köders wird erst durch einen Stopper aus Bindfaden beendet, der auf der gewünschten Distanz zum Haken auf die Schnur geknüpft wurde. Damit der dünne Bindfaden nicht durch Röhrchen oder Öse rutscht, wird eine mit einer sehr kleinen Bohrung versehene Glas- oder Kunststoffperle zwischen Schwimmer und Stopper auf die Schnur geschoben. Der einzige Nachteil der Gleitposen besteht darin, daß sie sich gegenüber Festmontagen in Fließgewässern etwas schlechter kontrollieren lassen.

Gleitmontage

für Wassertiefen ab etwa 2,5 Meter

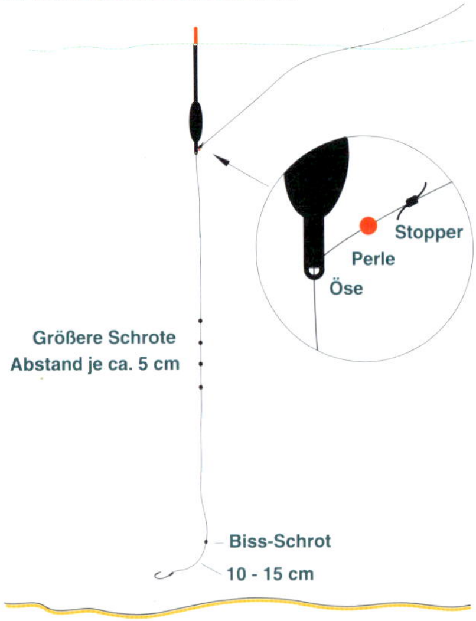

Stopperknoten

Material: Meeresschnur Dacron, 20 lbs

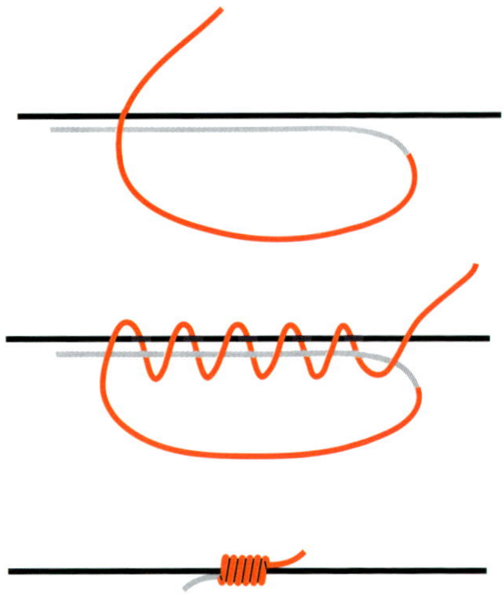

Formen

Als Universal-Schwimmer für das **Friedfischangeln** solltest du englische Waggler-Posen wählen, die aus einem schlanken Stift und einem Schwimmkörper bestehen. Dieser liegt bei Modellen zum Fischen in Strömungen nahe der meist orangenen Antenne, wogegen das Auftriebsteil bei Stillwasser-Ausführungen kurz vor dem unteren Ende montiert ist.

Für das **Raubfischangeln** mit Köderfischen kommen vor allem dickere Laufschwimmer mit hoher Tragkraft in Frage. Nur kleine Köder, wie sie zum Beispiel beim Fischen auf Barsche, Döbel oder manchmal auch Zander verwendet werden, können auch unter leichten Posen vom Friedfischangeln angeboten werden.

Die beiden Posen von Typ »Avon« (links) sind für Strömung gedacht, wogegen die »Bodied Waggler« daneben eher in stehendem oder träge fließendem Wasser in ihrem Element sind.

Damit die Fische möglichst wenig vom Schwimmer spüren, wird er mit Blei an der Schnur so beschwert (austariert), daß möglichst nur die farbige Spitze über der Wasseroberfläche zu sehen ist. Besonders einfach geht das bei Posen, wo die nötige Anzahl und die richtige Größe der für leichte Schwimmer verwendeten Spaltbleie (Schrot) aufgedruckt ist. Obwohl die Angaben nicht immer ganz genau stimmen, bieten sie trotzdem wertvolle Anhaltspunkte Die Engländer bezeichnen die kleinste brauchbare Bleigröße mit No. 12 und die größten gebräuchlichen Schrote mit SSG.

Austarieren

Bei Angaben in Gramm auf dem Schwimmer fällt das Austarieren nicht so leicht, da die Verpackungen der Bleischrote meistens keine Grammangaben tragen. Als kleine Hilfe dient die nebenstehende Tabelle mit den Gewichtsangaben zu den wichtigsten englischen Größen. Neben den Bleien muss auch das Ködergewicht berücksichtigt werden. Denn während eine Made so gut wie nicht ins Gewicht fällt, kann ein dicker Tauwurm schon als Beschwerung reichen. Beim Bleikauf solltest du ausreichend weiches Blei wählen, das sich mit Daumen und Zeigefinger zusammendrücken und mit dem Daumennagel wieder lösen läßt. Sehr gute Schrote stellt beispielsweise die englische Firma Dinsmores her.

Ein durchsichtiges Posenrohr schützt die Schwimmer vor Bruch.

Schrot-Umrechnung

Englische Bezeichnung	***Gewicht (ca.) in Gramm***
No. 8	***0,05***
No. 4	***0,15***
No. 1	***0,30***
BB	***0,45***
AAA	***0,80***
SSG	***2,00***

Auf vielen Posen steht ein Hinweis, wieviel Blei der Schwimmer etwa trägt.

In stehendem oder langsam fließendem Wasser sollten die Schrote möglichst gleichmäßig auf der Schnur verteilt sein, damit der Köder möglichst natürlich sinkt. Dagegen erfordern stärker strömende Gewässer das Gewicht auf einem Punkt an der Schnur kurz vor dem Vorfach. Auf halber Strecke zwischen den Bleien und dem Haken kommt ein weiteres Schrot. Eine Pose kannst du so genau einstellen, dass das Blei im freien Wasser hängt, der Köder jedoch auf Grund liegt. Damit verbindest du Grund- und Posenangeln.

Mitten im Karpfendrill platzte die Spule aufgrund eines Materialfehlers, worauf die Schnur als unbrauchbares Knäuel herunterhing. Jetzt half nur noch das Einholen der Leine von Hand. Der rechts im Bild zu sehende Fisch befreite sich kurz vor der Landung.

Auf Raubfisch mit der Pose

Ganz ähnlich sieht die Bleibeschwerung auf Raubfische aus, nur ist die Montage durch das meist höhere Ködergewicht etwas oder deutlich stärker. Dabei werden keine Schrotbleie, sondern dem stärkeren Schwimmer entsprechende schwerere, durchbohrte kugel- oder olivenförmige Bleie verwendet. Sind keine besonders weiten Würfe erforderlich, kannst du auch auf das Blei verzichten. Alleine das Ködergewicht tariert den Schwimmer aus. Häufig muss er dafür eine Tragkraft von nur etwa acht Gramm besitzen.

Anködern

von toten Köderfischen für das Posenfischen

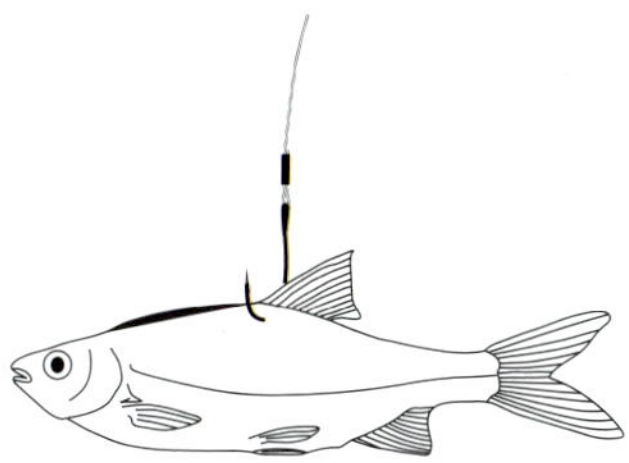

Einzelhaken-Montage für schwebende Köder (Haken entsprechend groß)

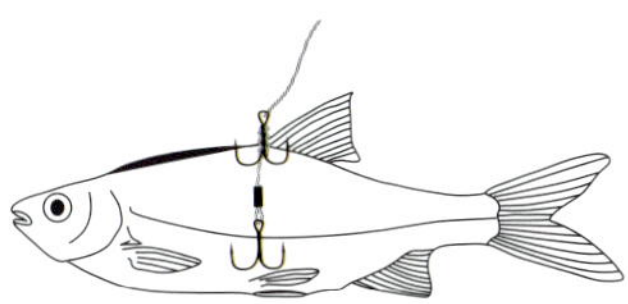

Sofortanschlag-System für schwebende Köder

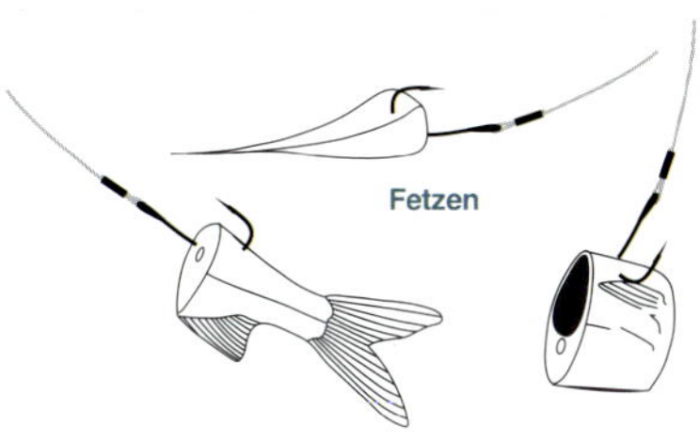

Fischstücke

Biss und Anhieb

Feine, schlanke Posen wie die genannten Waggler zeigen bereits zarte Zupfer von kleinen Fischen durch millimeterweises ruckartiges Ab- und wieder Auftauchen an. Bei einem richtigen Biss taucht die Pose entweder ab, steigt bei einer Montage mit Biss-Schrot auch etwas höher. Das Beobachten einer Pose gehört zum Spannendsten, was es beim Angeln gibt.

Zeigt der Schwimmer eindeutig einen Biss an, wird die Rute zügig angehoben und der Haken gesetzt. Das muss mit Gefühl geschehen: je feiner das Vorfach desto vorsichtiger der Anhieb. Dazu gehört etwas Übung.

Mehr noch als beim Grundfischen kann es mit der Pose passieren, dass Strömung oder Wind einen »Bauch« in die Schnur drücken. Dadurch streckt die Rute beim Anhieb die Schnur möglicherweise nicht ausreichend, besonders bei großen Entfernungen zum Köder - und der Haken fasst nicht. Deshalb solltest du bei Wind die Schnur möglichst mit leichten Rucken der Rutenspitze unter Wasser ziehen, so bleibt die Schnur fast gestreckt. In der Strömung hilft das allerdings nichts. Da musst du mit der Rute die Leine in die Luft heben und sie wieder gerade legen.

Beim Anschlagen von Raubfischen verfährst du wie im Kapitel über das Grundfischen beschrieben.

Naturköder

In der Folge findest du die Beschreibung der fängigsten und am einfachsten zu beschaffenden Köder. Auf teure Spezialköder aus Fachgeschäften kannst du normalerweise verzichten. Nur Maden lohnen sich wirklich zu kaufen – ihre Zucht auf faulendem Fleisch ist nicht jedermanns Sache. Generell solltest du möglichst wenig lebende Köder verwenden. Denn ich kann mir nicht vorstellen, dass es Würmern oder Maden Freude bereitet, wenn sie aufgespießt werden.

Pflanzliche Köder

Mais

Am einfachsten kaufst du billigen Dosenmais – wie er aus der Büchse kommt ist er einsatzbereit. Ein Korn kommt auf einen Haken der Größe 10 oder zwei auf einen 6er- bis 4er-Haken. Mais ist ein universeller Köder für alle möglichen Friedfische vom Rotauge bis zum Karpfen. Fischst du gezielt auf Karpfen, gibt es auf Mais allerdings jede Menge Bisse von anderen Fischen. Sollte dir das nicht recht sein, sorgen größere Köder für Abhilfe.

Teig

Aus Paniermehl lässt sich mit etwas Wasser rasch ein Teig zubereiten. Er sollte möglichst weich sein, aber immer noch so fest, dass er gut am Haken hält. Als Lockmittel kannst du vor allem für das Angeln auf Döbel und Barben zum Beispiel etwas Parmesan- oder Schmelzkäse mit einkneten. Allerdings wird Parmesan und damit auch der Teig in

Es ist angerichtet: Neben der Schmelzkäseecke liegen Haken mit angeködertem Mais, Teig und rechts außen eine Weißbrotflocke. Der Käsewürfel wurde mit der Ködernadel aufgezogen. Als Geruchs- und Geschmacksverstärker dienen der Parmesankäse und die Backessenzen in den beiden Röhrchen.

kaltem Wasser schnell hart, weshalb du ein wenig Speiseöl hinzufügen solltest. Auch ein Tropfen Backaroma, wie Bittermandel-Essenz, kann Fische zum Köder locken. Bei den Geschmacksrichtungen sind deiner Experimentierfreude keine Grenzen gesetzt. Mit Teig kannst du fast alle Friedfische vom Rotauge bis zum Karpfen fangen.

Weißbrot

Brot gilt vor allem in der kalten Jahreszeit als guter Karpfenköder. Kurz vor dem Frühjahr, wenn gerade die Seen auftauen, schwören viele Angler auf **Weißbrotflocken.** Dafür wird die obere Hälfte von etwas frischer Krume auf den Haken gedrückt. Der Rest bleibt lose.

Steigen die Wassertemperaturen weiter, kann ein Stück **Brotkruste** mit etwas Krume äußerst unauffällig am Grund von flachen Gewässerabschnitten bis etwa einem Meter Tiefe angeboten werden. Dabei sollte ein Rundbogenhaken der Größe 2 oder 4 direkt an die Hauptschnur gebunden werden. Die Hakenspitze stichst du zweimal durch die Kruste, so dass der Bogen darin verborgen bleibt. Auf die Leine kommt im Abstand von etwa zehn bis 30 Zentimetern zum Köder ein Schrotblei, das den Köder gerade noch so auf den Grund zieht.

Besonders an Stellen, wo Enten von Teichbesuchern mit Brot gefüttert werden, kann man im Sommer sehr gut **Schwimmbrot** anbieten – sofern kein Wassergeflügel in der Nähe schwimmt. Angeködert wird das Schwimmbrot wie die oben beschriebene Kruste. Am wenigsten mißtrauisch nehmen Karpfen den Köder nach Einbruch der Dämmerung. Vor dem Wurf kannst du das Brot ganz kurz ins Wasser tauchen. Es erhöht das Gewicht des Köders und man kann weiter werfen.

Noch weiter gehen die Würfe mit einer unauffällig durchsichtigen Wasserkugel auf der Schnur, die je nach gewünschter Wurfweite gefüllt wird.

Links ist eine angeköderte Brotflocke zu sehen. Sie wird fest um den Haken gedrückt, der Rest bleibt locker. Bei der Brotkruste daneben hält der Haken am besten im braun gebackenen Bereich. Dabei darf das Eisen ruhig herausschauen, die Fische stören sich nicht daran.

Käse

Schnittkäse ist in Würfel geschnitten vor allem für Döbel und Barben unwiderstehlich. Besonders eignen sich weichere Sorten wie junger Gouda oder Chester. Gekneteter Gouda zieht auch Karpfen oder Schleien an.

Wurst, Würmer & Co.

Frühstücksfleisch

Diese Wurst erscheint mir für den Menschen irgendwie suspekt, vor allem beim Frühstück. Döbel und Barben stehen jedoch voll darauf. Würfel mit einer Kantenlänge von zwei bis drei Zentimeter ziehst du am besten mit einer Ködernadel auf, da die Wurst dem Haken sonst wenig Halt gibt. Eine stabilere Oberfläche ergibt sich durch anbraten in der Pfanne. Und frierst du Frühstücksfleisch-

Würfel mit etwas Curry bestäubt ein, besitzen sie nach dem Auftauen einen absolut fängigen Duft.

Unter dem Hakenbogen liegt ein Stückchen Gras. Dadurch rutscht der Haken im Wurf nicht so leicht durch das weiche Frühstücksfleisch.

Frolic

Dieses Hundefutter eignet sich perfekt für Karpfen, lockt aber auch Barben, Döbel und größere Brachsen an den Haken. Als Vorfach dient 15 oder 25 englische Pfund tragendes geflochtenes Karpfenvorfach-Material (gibt's im Fachgeschäft). Das Flechtvorfach kann ein großer Karpfen, der zwei Frolics ruckzuck schlucken kann, nicht mit seinen Schlundzähnen zerreiben. Daran kommt ein Öhrhaken der Größe 1. Zum Anbinden nimmst du den Knoten für Plättchenhaken, wobei die Schnur durch das Öhr läuft.

Beim Knotenbinden, musst du darauf achten, dass ein etwa neun Zentimeter langes Vorfachstück nach unten zeigt. An dieses Ende knüpfst du eine rund 1,5 Zentimeter lange Schlaufe. Sie wird jetzt durch das Loch eines Frolics gesteckt und dann der Haken und der Rest des Vorfachs durch diese kleine Schlaufe gefädelt. Ein zweiter Ring des Hundefutters rutscht dann von der Verbindungsschlaufe zur Hauptschnur zum Haken, das dann über den Haken zum ersten Frolic kommt.

Beträgt jetzt der Abstand zwischen den Frolics und dem Haken mehr als 1 bis 1,5 Zentimeter, windest du die kurze Schnur mit den Ködern ein paar Mal um den Hakenschenkel, bis dieser Abstand erreicht ist. Frolics werden an einer Grundmontage mit Festblei gefischt (siehe auch Kapitel Grundangeln).

Frolic fertig angeködert.

Würmer

Egal ob kleine Rot- oder große Tauwürmer – die Fische mögen sie. Vorausgesetzt sie sind frisch. Besonders bei Wärme gehen Würmer schnell ein. Im Sommer müssen sie deshalb in einer größeren Dose mit reichlich lockerer Erde und Zeitungsschnipseln gehältert werden, die im

Schatten steht. Du kannst die Wurmdose auch in eine Kühltasche stellen und notfalls einige Kühlakkus dazu legen. Ist es draußen kühler, genügt auch eine kleine Wurmdose mit einem Schnappdeckel aus Blech.

Während sich Rot- und Mistwürmer leicht mit der Schaufel aus Kompost- oder alten Misthaufen graben lassen, muss man sich für die Tauwürmer etwas anderes einfallen lassen. Normalerweise findest du sie auch bei kühlerem Wetter mit dem Spaten in der Gartenerde.

In der Dose unten krabbeln Maden, dazwischen liegen dunkel gefärbte Madenpuppen (»Caster«). Die Tauwürmer sind verglichen mit den Rotwürmern (rechts) deutlich dicker.

Ab dem Frühsommer kannst du in der Dunkelheit den Spaten gegen eine Taschenlampe tauschen. Denn dann kriechen die Würmer mit etwa zwei Dritteln ihrer Körperlänge aus dem Boden von Wiesen und Beeten zum kühlen Tau der Nacht. Obwohl Sie ruhig draußen liegen, versuchen Sie sich blitzschnell in die Erde zurückzuziehen, sobald du zugreifst oder sie direkt anleuchtest. Deshalb musst du sie möglichst dicht an ihrem Erdloch fassen und nur mit dem fahlen Randlicht deiner Lampe suchen. Statt einer Weißlicht-Lampe kannst du beispielsweise eine Militär-Leuchte mit rotem Farbfilter verwenden – diese Farbe können Würmer nicht sehen.

Zum Aalfischen oder wenn sich neben den gesuchten großen Fischen auch viele Kleinfische für den Wurm interessieren, sollte der Haken möglichst oft durch einen entsprechend großen Haken gestochen werden. Ansonsten lockt ein Wurm die Fische am besten an, wenn nur der hintere Körperteil auf den Haken gefädelt wird. Für Tauwürmer eignet sich besonders ein spezieller Wurmhaken, durch dessen Widerhaken am Schenkel der Köder nicht so leicht herunterrutscht.

Maden

Wie schon gesagt, solltest du die fängigen Maden am besten im Angelladen kaufen. Sie sollten entweder einzeln oder zu mehreren direkt unter dem Kopf auf einen entsprechend großen, dünndrähtigen Haken gesteckt werden. Vor allem bei Wärme verpuppen sich Maden recht schnell, weshalb du Sie möglichst kühl lagern solltest, am besten im Kühlschrank. Aber auch die Madenpuppen (Caster) können noch ordentlich fangen.

Köderfische

Glücklicherweise ist es in den meisten Gewässern mittlerweile verboten, Köderfische lebend anzuködern. Denn erstens bleibt vielen Köderfischen diese Qual erspart und zweitens fangen tote Köderfische ebenfalls ganz ordentlich. Dabei gibt es zwei Möglichkeiten, den Köder anzubieten: Entweder schwebend an einem Schwimmer oder auf Grund. Zum Anködern findest du die Anleitungen in den Kapiteln über das Grund- und Posenfischen.

Anfüttern

Friedfische lassen sich durch eingeworfenes Anfüttermaterial an einen Angelplatz locken und gewöhnen. Am besten wirfst du gleich beim Eintreffen am Angelplatz einige Handvoll des später verwendeten Köders ein. Dazu eignen sich alle pflanzlichen Köder, Käse sowie Maden, die locker in leicht angefeuchtete Paniermehlballen gemischt werden.

Bei besonderen Ködern, wie Frolic, solltest du bereits zwei bis drei Tage vorher Anfüttern und das möglichst immer zur gleichen Zeit, wodurch die Fische an den Köder und an eine bestimmte Zeit gewöhnt werden. Beim Angeln selbst kannst du die Fische mit hin und wieder eingeworfenen Ködern am Platz halten – allerdings sollte jetzt nur wenig gefüttert werden, da sich die Fische ja nicht sattfressen sollen. Das passiert vor allem in kaltem Wasser sehr schnell.

Anfüttern soll auch auf **Raubfische** mit Fischen oder Stücken davon funktionieren. Aber selbst wenn die Sache funktioniert, so stehen meiner Meinung nach die vielen dazu nötigen Fischopfer in keinem Verhältnis zu einem möglichen Fang. Und ob die Räuber tatsächlich darauf reagieren, halte ich für fraglich. Genaues Beobachten des Gewässers auf raubende Fische und das gezielte Angeln an dem ausgemachten Standplatz dürfte allemal befriedigender sein und mehr bringen. Alternativ kannst du allerdings Kleinfische regelmäßig anfüttern, deren Aktivität wiederum die Räuber an den Platz lockt. Somit lohnt sich bestimmt auch das Angeln an einer Stelle die ein Friedfischangler bereits angefüttert hat.

Diese Futtermischung besteht aus einfachen Zutaten, lockt jedoch sehr gut. Zu Paniermehl, Mais und geröstetem Hanfschrot kommt nicht zuviel Wasser. Denn das Futter soll beim Aufprall aufs Wasser oder den Grund auseinanderbrechen.

Während der gefangene Ast den Angler eher nervt, findet der Hund ihn durchaus interessant.

Spinnfischen

Der kleine Zander ging im Kanal auf einen zwölf Zentimeter langen Gummifisch.

Beim Spinnfischen imitieren Kunstköder aus Metall, Holz oder Kunststoff einen Beutefisch oder reizen Raubfische zu reflexartigen Bissen. Diese Köder unterscheiden sich in Blinker, Spinner, Wobbler und Weichplastikköder. Wie beim Naturköderangeln gilt auch hier: Beim Fischen auf Hecht oder in hechthaltigen Gewässern muss grundsätzlich ein mindestens 40 Zentimeter langes Stahlvorfach mit einer Schlaufe an dem einen und einem Karabinerwirbel an dem anderen Ende zwischen Hauptschnur und Köder liegen. Denn die Zähne des Hechts durchtrennen normale Angelschnüre in wenigen Sekunden.

Spinnmontage

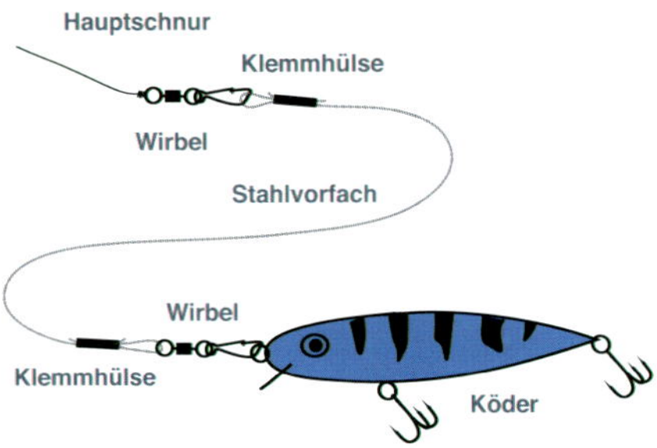

Spinnköder

Blinker

Die meisten Blinker bestehen aus gewölbten, glänzenden Blechen, die sich im Wasser wie auf und ab schwimmende kranke Beutefische bewegen. Zur Reizsteigerung hängen in dem Hakensprungring oft rote Zelluloidplättchen. Blinker verfügen meistens über einen Drillingshaken an ihrem hinteren Ende. Es gibt jedoch auch große Modelle mit zwei Haken.

Spinner

Bei einem Spinner rotiert ein leicht gebogenes Metallblatt um eine Achse über dem einzelnen Drillingshaken. Durch ihre Bewegung senden sie starke Schwingungen in das Wasser aus, die auch bei trübem Wasser von dem Seitenlinienorgan der Fische registriert werden und sie zum Köder führen. Häufig ergänzen bunt gefärbte Tierhaare oder Federn am Haken die Lockwirkung.

Der Hecht nahm einen kleinen Spinner beim Barschangeln. Das Foto zeigt, wie gefährlich nahe das Monofil bereits an den Zähnen des kleinen Räubers liegt. Deshalb solltest du in Hechtgewässern auf Raubfisch grundsätzlich mit Stahlvorfach angeln.

Wobbler

Die fischähnlichen sinkenden oder schwimmenden Wobbler bestehen aus Holz oder Kunststoff. Ein unten im Kopf des Köders schräg eingesetztes Plättchen sorgt nicht nur für die schwänzelnde Bewegung (wobbeln) bei Zug an der Angelschnur, sondern läßt ihn auch tauchen – je flacher diese Tauchschaufel steht, desto tiefer fischt der Köder. Dickbäuchige Wobbler besitzen häufig in einem Hohlraum eine oder mehrere bewegliche Kugel(n), die beim Hin- und Herschwingen des Köders an dessen Wand stößt und für Schwingungen im Wasser sorgt. Da Wobbler im Verhältnis zu ihrer Größe verhältnismäßig wenig wiegen, lassen sie sich nicht so weit werfen wie die schweren Blinker und Spinner.

*Der 15 Zentimeter lange »Scorcerer«-**Wobbler** von Halco (oben) besitzt eine auffällige, allgemein als »Firetiger« bezeichnete Reizfarbe. Der Luhr Jensen-»Fingerling« darunter täuscht sehr gut einen silberfarbenen Futterfisch vor, während der kurze Scorcerer und der »Big S« darunter sehr gut einen Barsch imitieren.*

***Twister** (oben) und **Gummifische** bewähren sich hervorragend auf die verschiedensten Räuber. Die Weichplastik-Körper spießt du einfach auf den Einzelhaken.*

*Bewährte **Spinner** von links: Drei Mepps-Spinner in den Größen 1 und 2, ABU »Sonette« (12 g) und der »Mörrum«-Bleikopfspinner der gleichen Firma.*

*Fängige **Blinker** von links: ABU »Toby« (8 g) für schnellere Strömung, ABU »Atom« (12 g) und DAM »Effzett« (22 g) für stehende und langsame fließende Gewässer.*

Weichplastikköder

Für das nötige Wurfgewicht sorgen bei den sehr fängigen Weichplastikködern, wie Twistern und Gummifischen, verschieden schwere Bleiköpfe. Die schwabbeligen Köder wirken hauptsächlich durch ihre starke Eigenbewegung und die Möglichkeit zum besonders langsamen Führen. Zudem arbeiten Sie in Verbindung mit einem Bleikopf direkt am Grund, wo die meisten Räuber lauern.

Vor allem die Weichplastikköder in Fischform (engl. »Shads«) und die wurmartigen »Twister« können bei naturnaher oder gewollt zackiger Führung ungeahnte Erfolge bringen. Das Gewicht der Bleiköpfe reicht von etwa drei bis vier Gramm für kleine Barschköder in Seen bis etwa 40 Gramm beim Angeln in starker Strömung. Beispielsweise passt zum Zanderangeln im See ein 8-Gramm-Kopf Gramm gut zu einem zehn Zentimeter langen Gummifisch.

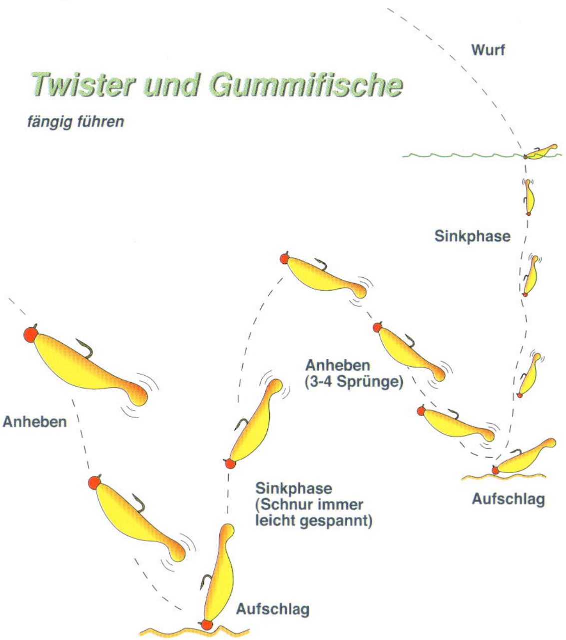

Größen und Formen

Bei der **Ködergröße** orientierst du Dich am besten an der natürlichen Fischnahrung. Zum Beispiel paßt für Barsche bereits ein drei Gramm leichter Spinner, während Hechte auch nicht vor 20 Zentimeter langen Gummifischen zurückschrecken – denn Barsche mögen gerne Brutfische, wogegen Hechte auch nicht vor Fischen zurückschrecken, die sie kaum hinunterwürgen können – was aber nicht heißt, daß sich ein größerer Barsch nicht auch an einem Hechtblinker vergreift.

Bist du dir nicht sicher, welchen Köder du nehmen sollst, dann schaue am besten anderen Anglern über die Schulter, die das Gewässer kennen. Andererseits können auch solche Köder besonderen Erfolg bringen, die an einem Gewässer bisher unbekannt waren: wenn zum Beispiel die meisten Angler mit Blinkern fischen und die Fische diese bereits kennen, kann ein Versuch mit einem Twister einen ungeahnten Erfolg bringen. Auch Experimente mit Farben können sich lohnen.

Recht einfach ist die Wahl der **Form** von Metallködern. Für stehende und langsam fließende Gewässer nimmst du am besten etwas breitere Köder, weil sie bereits bei langsamer Bewegung zu arbeiten beginnen. Dagegen eignen sich für schnell fließende Bäche und Flüsse schlanke Blinker wie der Toby von ABU oder Spinner mit länglichen Blättern. Auch schlanke Wobbler wie die von Rapala kommen für diese Gewässer in Frage. Diese kann man durch ihr geringes Gewicht auch in Seen oder langsamen Flüssen verwenden. Dasselbe gilt für Twister mit leichteren Bleiköpfen.

Führen von Kunstködern

Es ist nicht einfach damit getan, einen Kunstköder irgendwie durch das Wasser zu ziehen. Vielmehr muss ihm durch Rucke der Rutenspitze und durch wechselnde Einholgeschwindigkeit Leben eingehaucht werden. Am Einfachsten findest du die natürlichste oder verlockenste Bewegung vor dem ersten Wurf dicht unter der Oberfläche heraus, wo du den Köder beobachten kannst. Häufig sind langsame Geschwindigkeiten die besten.

Genauso wichtig ist es, in verschiedenen Tiefen zu arbeiten. Zunächst beginnst du einen sinkenden Köder unmittelbar nach dem Eintauchen einzuholen. Beim nächsten Wurf zählst du vor der ersten Kurbelumdrehung zum Beispiel bis zwei, beim nächsten bis vier und so weiter bis der Köder kurz über dem Grund läuft. Erfolgt in einer dieser Tiefen ein Biss, sollten die nächsten Würfe in der gleichen Tiefe geführt werden, da hier mit großer Wahrscheinlichkeit noch weitere Fische stehen. Liegt auf dem Weg des Köders eine deutlich tiefere Stelle, sollte man ihn auch dort hinunter tauchen lassen.

Schwimmende Wobbler werden durch einige schnelle Kurbelumdrehungen zunächst auf die richtige Tiefe gebracht und dann normal eingeholt. Ihre sinkenden Versionen läßt man wie Metallköder nach der Zählmethode arbeiten. Da in vielen Fällen die Räuber dicht am Ufer lauern, muss der Köder möglichst bis direkt vor die Füße aufmerksam geführt werden – manchmal kommt der Biss in letzter Sekunde.

Flach oder tief

Bei Fischarten, wie Zander oder Waller, die sich tagsüber meistens in Grundnähe aufhalten, kannst du dir das Absuchen von Oberflächen- und Mittelwasser normalerweise sparen. Nur wenn flüchtende Kleinfische in Panik aus dem Wasser springen, solltest du auch dort dein Glück versuchen. Dagegen kommen Wels und Zander mit der Dämmerung auch an die Oberfläche oder in das seichte Uferwasser, wo unter Kleinfischen auf Raubzug gehen. Jetzt kannst du mit der Spinnrute bis fast in die Dunkelheit gute Erfolge haben.

Herrscht wenig oder keine Strömung und gibt es keine Wasserpflanzen dicht unter der Wasseroberfläche, wird die Rute beim Spinnfischen flach gehalten. Auf diese Weise besteht der direkteste Kontakt zum Köder, den du dadurch besser führen kannst.

Biss und Anhieb

Der Biss ist beim Spinnfischen unterschiedlich zu spüren: Die Palette reicht von einem leichten ziehen, als ob der Köder in Wasserpflanzen hängenbleibt bis zu einem harten Schlag, der dir fast »durch Mark und Bein« geht. Auf jeden Fall musst du sofort die Rute mit Schwung entschlossen nach hinten ziehen und damit den Anhieb setzen. Damit der Haken im harten Maul von Hecht oder Zander auch richtig sitzt, kannst du das bei gespannter Schnur noch einmal wiederholen – aber alles im Rahmen der Tragkraft der Schnur.

Hänger lösen

Nur wenn im Gewässer keine Steine, Äste und andere Hindernisse liegen, wird sich der Haken oder ein anderer Teil der Montage nie im Gewässer verhängen. Ansonsten kommt es immer wieder zu einem »Hänger«, im einen Gewässer häufiger, im anderen seltener.

Bleibt der Haken in ein Unterwasserhindernis hängen, wirst du zuerst einen Anhieb setzen, da du immer mit einem Biss rechnen musst. Im unglücklichsten Fall spießt sich der Haken in einen armdikken Ast eines versunkenen Baums. Dann hast du in jedem Fall verloren und musst die Schnur abreißen. Hängt er dagegen nur in Pflanzen oder auf einem algenbewachsenen Felsen, reicht häufig ein kräftiger, ruckartiger Zug an der Leine und der Köder ist gerettet.

Sollte das zu keinem Erfolg führen, muss der Winkel zum Köder verändert werden. Dazu läufst du einige Meter nach links oder rechts und wiederholst die Prozedur.

Eine andere Möglichkeit besteht darin, daß du die Schnur hart spannst und schnell wieder locker läßt. Dadurch fällt der Köder durch sein Gewicht zurück und der Haken löst sich vielleicht aus dem Hindernis. Bei entsprechend starker Schnur kann sich ein dünndrähtiger Haken auch aufbiegen und dadurch wieder ans Ufer kommen. Jedenfalls musst du nach erfolgreicher Bergung die Schnur auf Beschädigungen und den Haken auf seine Schärfe prüfen.

Beim Spinnfischen lässt sich die Größe eines erhofften Fischs nicht einmal durch die Ködergröße beeinflussen. So können kleine Fische wie dieser Mini-Hecht genauso auf kleine Spinner wie auf über zehn Zentimeter lange Wobbler gehen. Und kapitale Fische stürzen sich gelegentlich auf winzige Köder, obwohl der schwere Blinker im Grunde besser zur Körpergröße passen würde.

Drillen und Landen

Ein Wirbel an der Wasseroberfläche und der Fisch setzt zu einer weiteren Flucht an.

Hängt der Fisch am Haken, gibt es für den Angler zwei Möglichkeiten: Ein kleines oder schwach kämpfendes Exemplar lässt sich je nach Schnurstärke mehr oder weniger leicht in Richtung Ufer ziehen. Größere und kampfstarke Fische können dagegen mit vielen Mitteln versuchen, den Haken loszuwerden oder die Schnur zu zerreissen.

Grundvoraussetzung für den Angler, diesen Kampf erfolgreich zu beenden, ist einwandfreies und gut gepflegtes Gerät. Außerdem muss der Widerstand der Rollenbremse richtig eingestellt sein (siehe Rollen-Kapitel). Solange ein Fisch noch Schnur von der Rolle zieht, darfst du auf keinen Fall an der Kurbel drehen. Das würde die Bremswirkung verstärken, wodurch möglicherweise die Leine reißt. Außerdem verdrallt die Drehbewegung die Schnur.

Drill

Im Drill sollte die Rute immer genau entgegen der Fluchtrichtung den Druck ausüben. Droht die Flucht in ein Hindernis wie Wurzelwerk zu gehen, kannst du auch die Bremse durch gefühlvolles zusätzliches Bremsen mit dem Zeigefinger auf den Spulenrand verstärken. Die Rute ermüdet den Fisch am schnellsten, wenn ihr Handteil in einem Winkel von möglichst 90 Grad zur Schnur steht. So kann ihre Federkraft am besten wirken. Vor allem bei einem Sprung des Fischs lässt sich auf diese Weise ein Schnurbruch und das Ausschlitzen des Hakens verhindern. Eine Garantie ist das verständlicherweise nicht. Führst du die Rute bewußt weiter links oder rechts von der Fluchtlinie, kannst du den Fisch eventuell zu einer Kursänderung bewegen. Vielleicht dreht er dadurch im letzten Augenblick vor einem rettenden Seerosenfeld ab.

Lässt er sich dann Richtung Ufer ziehen, kannst du ihn einfach heranku rbeln. Oder du machst einige Kurbelumdrehungen, wobei die Rute um etwa 45 Grad gesenkt wird. Dabei muss die Schnur wie im ganzen Drill ständig unter Spannung bleiben. Ohne weiter Leine aufzunehmen, wird die Rute wieder in die 90-Grad-Position zur Schnur gezogen und der Fisch damit näher heran gebracht. Dann geht es wieder mit Kurbeln, Senken und Anheben der Rute weiter, bis der Fisch am Ufer ist. Mit diesem »Pumpen« lassen sich selbst schwere Fische aus großen Tiefen bergen.

Und ins Netz...

Beim Keschern darf man das Netz auf keinen Fall in Richtung Fisch bewegen, da es ihn erschrecken und zu einer letzten Flucht veranlassen kann, bei der er sich vielleicht vom Haken befreit. Vielmehr ruht das Netz schräg unter der Wasseroberfläche. Erst wenn der Angler den Fisch direkt über das Netz gehoben hat, wird der Kescher angehoben und der Fisch gleitet in den Netzbeutel.

Der Kescher liegt bereit. Gleich schiebt der Angler ihn weiter ins Wasser und zieht den Fisch über das Netz.

Zappelt jetzt nur ein kleiner Fisch in den Maschen, lässt sich das Netz waagrecht aus dem Wasser heben. Bei schwergewichtiger Beute endet diese Aktion jedoch mit einem verbogenen Stiel. Deshalb wird der Kescherstiel, sobald sich der Fisch im Netz befindet, senkrecht gestellt. Dadurch schließt sich das Netz und der Fisch kann nicht mehr heraus springen. Außerdem steht der Stiel nur noch unter Zug und kann sich dadurch nicht verbiegen.

Handlandung

Versagt der Kescher, können manche Fische können auch ohne Kescher nur mit der Hand ans Ufer gebracht werden.

Mit sicherem Griff fasst die Anglerin den Döbel bei der Handlandung direkt hinter dem Kopf. Aber nicht zu weit nach vorne beugen...

Dazu eignen sich vor allem Raubfische wie Hecht, Waller, Zander und Barsch. Einen Hecht kannst du gut an einem Kiemendeckel und kleinere Exemplare auch im Genick fassen. Waller lassen sich fast schon bequem an ihrem Unterkiefer fassen. Dazu greift man mit dem Daumen über den mit nur kleinen Zähnen bewehrten Kiefer und packt mit den anderen Fingern von unten zu. Bei größeren Welsen sind die Zähne allerdings bereits so groß, dass sie den Daumen verletzen können – davor schützt ein Arbeitshandschuh.

Der Hecht lässt sich sehr gut mit einem Griff am Kiemendeckel landen. Foto: J. Stollenwerk

Zander und Barsche bieten durch ihre rauen **Kammschuppen** einen festen Halt bei einem Griff am Genick, wobei sich unvorsichtige Angler allerdings an den spitzen Rückenstacheln und Kiemendekkeln verletzen können.

Soll ein Fisch wieder zurückgesetzt werden, muss er vor der Landung völlig ausgedrillt sein. Denn sonst lässt sich das zappelnde Tier nur mit einem festen Griff hinter dem Kopf halten, der möglicherweise zu inneren Verletzengen führt. An Sand- oder Kiesbänken lässt sich ein Fisch auch einfach ins immer seichtere Wasser ziehen (Stranden), wo du ihn leichter fassen kannst.

LEXIKON

***Kammschuppen**: Die Bezeichnung der Schuppen mit rauer Oberfläche bei barschartigen Fischen wie Barsch und Zander. Andere Fische besitzen glatte Rundschuppen oder blanke Haut.*

Der Döbel ging auf eine einfache Grundmontage mit Laufblei.

Umgang mit dem Fisch

Zwischen Beton und Spiegelkarpfen liegt das weiche Keschernetz, das den Fisch vor Verletzungen schützt.

Wollen wir Angler ehrlich sein, müssen wir zugeben, dass keinem Fisch der Haken im Maul besonderes Vergnügen bereitet. Dashalb müssen wir zumindest alles vermeiden, was dem Fisch unnötigen Schmerz bereitet. Das reicht vom widerhakenlosen Haken bis zum Verzicht auf den lebenden Köderfisch.

Zurück ins Wasser

Möchtest du einen Fisch zurück setzen, solltest du ihn nur mit feuchten Händen berühren. Noch besser ist es, den Fisch nicht anzufassen, sondern nur den Haken mit einer spitzen Zange, einer Arterienklemme oder bei kleinen Hakengrößen einem speziellen Hakenlöser zu entfernen.

Soll dein Fisch vielleicht zum Fotografieren doch aufs Ufer, muss er auf eine weiche und feuchte aber mindestens glatte feuchte Unterlage gelegt werden. Eine Plastiktüte oder das knotenlose Keschernetz genügen zur Not. Damit die Finger nicht schmerzhaft zwischen die spitzen Zähne eines Hechtes geraten, sollte für diese Fischart beim Lösen von tief sitzenden Haken ein Rachensperrer verwendet werden. Danach wird der Fisch möglichst sanft ins Wasser gesetzt - nicht geworfen.

Waidgerecht versorgen

Soll der Fisch dagegen in der Küche landen oder als Köder verwendet werden, erhält er zum Betäuben zunächst einen kräftigen Schlag auf den Kopf. Dazu eignet sich entweder ein dicker Holzstab, ein kurzes, etwa 1,5 Zentimeter starkes Stahlrohr, die Stahlkugel eines Anglermessers oder etwas ähnliches. Anschließend sticht die Messerklinge unterhalb der Kiemendeckel ins Herz.

Hier herrscht reges Treiben am Laichplatz. Während dieser Zeit sollten alle Fischarten geschont und gefangene Tiere vorsichtig zurückgesetzt werden.

Bei Kleinfischen, wie Lauben genügt ein kräftiges Schnippen mit dem Nagel des Zeigefingers auf den Kopf.

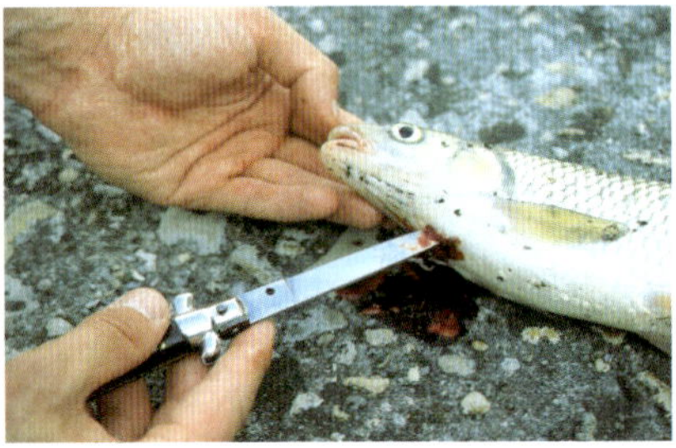

Auf die dunkel markierte Stelle am Kopf muss der Schlegel den Fisch treffen (oben). Der anschließende Herzstich erfolgt unterhalb der Kiemendeckel (unten).

Aalen muss man anders beikommen – ein Schlag auf den Kopf nützt überhaupt nichts, der Fisch windet sich weiter. Ein Aal lässt sich nur mit dem Durchtrennen des Genicks zuverlässig und **waidgerecht** töten. Dazu setzt du das Messer hinter dem Kopf quer zum Körper an und stößt es kräftig durch den auf dem Boden liegenden Fisch. Lass jetzt das Messer samt Aal in der Erde stecken, bis sich der Fisch nicht mehr bewegt.

LEXIKON

Waidgerechtigkeit: *Begriff vom Angeln und Jagen. Er bedeutet Achtung vor dem geangelten oder bejagten Lebewesen, was gleichzeitig einen möglichst schonenden*

Das quer zum Kopf gehaltene Messer durchtrennt die Wirbelsäule und gleichzeitig wichtige Blutgefäße des Aals. Bis der Fisch sich nicht mehr bewegt bleibt das Messer im Boden stecken. Das sieht zwar ziemlich grausam aus, ist aber die waidgerechteste Methode zum Töten eines Fisch dieser besonderen Art.

Ausnehmen

Zunächst werden die Schuppen von großschuppigen Fischen entfernt. Dazu streichst du die Schuppen mit der Messerklinge oder dem Messerrücken von hinten nach vorne ab. Bei manchen Arten, wie dem Rotauge, geht das notfalls auch mit den Fingernägeln. Allerdings nicht zu schwungvoll – wenn eine festsitzende Schuppe unter einen Fingernagel rutscht, bereitet das wenig Freude.

Entschuppen

Jetzt müssen die Eingeweide herausgenommen werden. Mit dem Messer schneidest du die Bauchdecke ab dem Einstich am Kopf zum Schwanz hin bis zum Ende der Bauchhöhle auf. Dabei solltest du die möglichst scharfe Klinge sehr flach führen, damit die Gallenblase auf keinen Fall verletzt wird. Ihr Inhalt könnte das ganze Fleisch ungenießbar machen. Der Schnitt endet über dem Herz. Danach nimmst du die Eingeweide aus der Bauchhöhle und schneidest sie kurz hinter dem Kopf ab. Auch das Herz lässt sich nun entfernen. Danach wird die Niere, die am Rückgrat entlang läuft, mit dem Daumennagel von vorne nach hinten abgestreift. Nach dem Ausspülen ist der Fisch fertig, wobei manche Angler auch noch die Kiemen entfernen, was aber nicht unbedingt nötig ist. Beim Ausnehmen kann man gleich den Mageninhalt untersuchen – er gibt oft wichtige Hinweise für die nächste Köderwahl. Außerdem siehst du oder der Fisch dein Anfüttermaterial mochte, falls du etwas verwendet hast.

Aufschneiden der Bauchhöhle

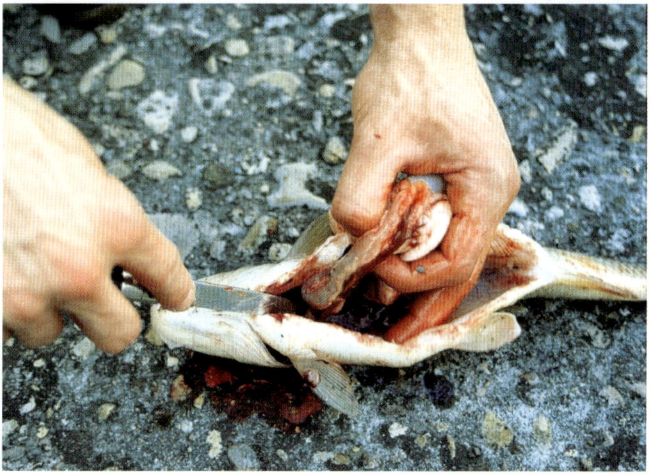

Ausnehmen

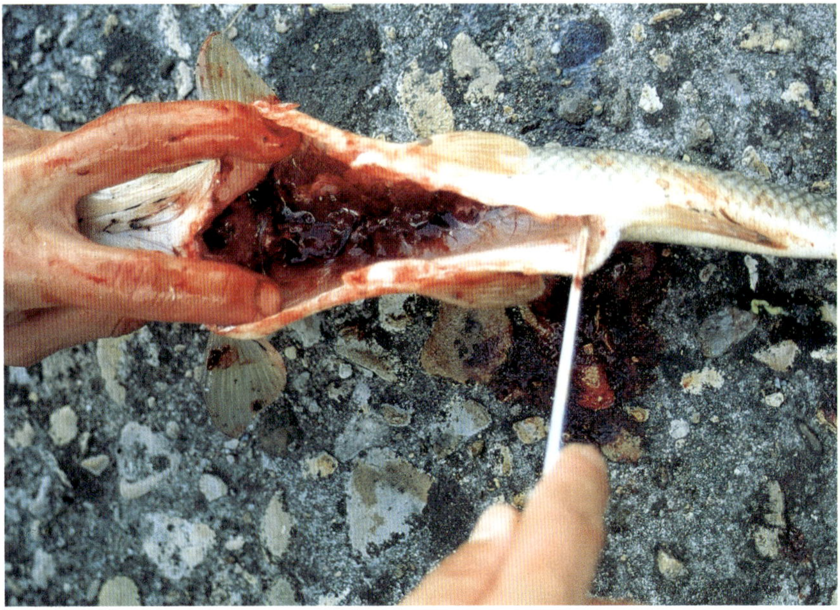

Herausstreifen der Niere (dunkel gefärbt) entlang der Wirbelsäule mit dem Daumennagel

Fertig

Zander gehören zu den beliebtesten Speisefischen. Die beiden gingen auf einen gelben Twister mit rotem Bleikopf.

Fischarten

Vorsichtig wird die Brachse ins Wasser gesetzt.

Ein besonderer Reiz des Angelns liegt darin, dass Du die sonst meist unsichtbaren Wasserbewohner zu sehen bekommst und vor allem zu Beginn deiner Angler-Karriere auf die eine oder andere dir unbekannte Art stößt.

Schon aufgrund der zu den Laichzeiten vorgeschriebenen Schonzeiten musst du sie sicher identifizieren können. Denn sollte ein Angler kleine, noch nicht laichreife Fische einer Art mit erwachsenen Tieren einer anderen verwechseln, kann das Folgen haben: Wenn man beim Mitnehmen eines Jungfischs erwischt wird, kann ein Aufseher beispielsweise die Angelkarte einziehen. Viel schlimmer ist allerdings, dass der Fisch nicht mehr für Nachkommen sorgen kann. Werden zu viele dieser Fische entnommen, leben entweder zukünftig weniger Fische in dem Gewässer oder der Gewässerbesitzer muss zum Ausgleich teuren Besatz einbringen.

Übrigens werden bei den Fischen die Männchen als Milchner und die Weibchen als Rogner bezeichnet. Unten habe ich nur die häufigsten Arten mit den wichtigsten Kennzeichen und Ködern aufgeführt. Möchtest du Dich über die Wasserbewohner näher informieren, empfehle ich dir das »Lexikon der Süßwasserfische« aus dem Müller Rüschlikon-Verlag.

Vor allem unter den Karpfenartigen kommt es bei gleichen Laichzeiten häufig zu Mischlingen. Besonders häufig zwischen Rotaugen und Brachsen. Der Fisch sieht dann wie ein etwas zu hoch geratenes Rotauge oder eine zu niedrige Brachse aus. Der rötliche Schimmer im Auge (vom Rotauge) fehlt. Jedoch ist die spitz zulaufende Rückenflosse der Brachse zu erkennen. Bei Salmoniden gibt es gelegentlich Mischungen aus Bachforelle und Bachsaibling. Die Kreuzungen werden wegen ihren Querstreifen auf den Flanken als »Tigerfische« bezeichnet. Allerdings sind sie unfruchtbar.

Friedfische

Diese Fische ernähren sich in erster Linie von Kleintieren, wie Schnecken oder Würmern. Aber auch Pflanzenkost (Algen oder zarte Wasserpflanzen) steht bei vielen auf dem Speiseplan. Zu den Friedfischen zählen auch echte Allesfresser, angeführt vom Döbel. Er verschmäht selbst kleine Fische nicht und vergreift sich deshalb auch einmal an einem für Hecht oder Zander gedachten Kunstköder. Wie die meisten Friedfische gehört er zu der Familie der Karpfenartigen (Cypriniden). Dazu zählen auch die Weißfische, ein Sammelbegriff für Friedfische mit silbern glänzenden Schuppen wie Rotauge, Döbel und Rapfen.

Eine feine Pose vom Typ »Waggler« zeigte den Biss dieser Karausche an.

ROTAUGE/ PLÖTZE *(Rutilus rutilus)*

Kennzeichen:
Endständiges Maul, Auge in der oberen Hälfte rötlich gefärbt

Gewicht / Länge maximal etwa:
2,5 kg / 45 cm

Verwechslungen möglich mit:
Rotfeder, Aland

Gewässer:
Wärmere Flüsse, Seen und Teiche

Laichzeit:
April - Mai

Beste Fangsaison:
Mai - Oktober

Gerät:
Leichte Posen- oder Grundrute

Schnurstärke:
0,16 mm

Hakengröße:
10 - 16

Montage:
Feststellpose, Laufblei mit Zitter- / Schwingspitze

Wassertiefe:
Mittelwasser bis Grund

Köder:
Maden, kleine Würmer, Mais

Angelstellen:
Nähe von Wasserpflanzen, strukturierter Grund mit Steinen oder an Scharkanten, Rückströmungen

LEXIKON

Endständiges Maul: *Ober- und Unterkiefer sind gleich lang, also zeigt das Maul gewissermaßen gerade nach vorn. Fische mit so einem Maul fressen in allen Gewässerschichten.*

ROTFEDER *(Scardinius erythrophtalmus)*

Kennzeichen:
Oberständiges Maul, meist intensiv rote Flossen

Gewicht / Länge maximal etwa:
2,5 kg / 50 cm

Verwechslungen möglich mit:
Rotauge, Aland

Gewässer:
Wärmere Flüsse, Seen und Teiche

Laichzeit:
April / Mai

Beste Fangsaison:
Mai - Oktober

Gerät:
Leichte Posenrute

Schnurstärke:
0,16 mm

Hakengröße:
10 - 16

Montage:
Feststellpose

Wassertiefe:
Oberfläche bis Mittelwasser, selten Grund

Köder:
Maden, kleine Würmer und Brotkrusten

Angelstellen:
Vor Schilfgürteln, Krautbetten oder Seerosen

LEXIKON

Oberständiges Maul: *Unterkiefer länger als Oberkiefer. Das Maul zeigt also gewissermaßen nach oben. Diese Form erleichtert Fischen das Fressen an der Oberfläche.*

DÖBEL/ AITEL *(Leuciscus cephalus)*

Kennzeichen:
Große Schuppen mit netzartiger, schwarzer Umrandung. Im Querschnitt fast runder Körper, breiter Kopf

Gewicht / Länge maximal etwa:
5,5 kg / 70 cm

Verwechslungen möglich mit:
Hasel, Aland

Gewässer:
Von schneller strömenden Bächen bis in tiefe Flüsse. Selten in Teichen und Seen

Laichzeit:
April - Juni

Beste Fangsaison:
Mai - November

Gerät:
Leichte bis mittlere Posen- oder Grundrute, leichte Spinnrute

Schnurstärke:
0,16 - 0,20 mm

Hakengröße:
4 - 10

Montage:
Feststellpose, Laufblei mit Zitterspitze, Spinnmontage

Wassertiefe:
Oberfläche bis Grund

Köder:
Frühstücksfleisch, Würmer, Kirschen, Brombeeren, kleine Köderfische oder Fischstücke, Spinner Größe 1 bis 3

Angelstellen:
Im Bereich von überhängenden Zweigen, Brückenpfeilern und anderen Strukturen, Mündungen von Nebenflüssen

ALAND/ NERFLING *(Idus idus)*

Kennzeichen:
Ähnelt dem Döbel, besitzt jedoch einen seitlich flacheren und höheren Körperbau sowie eine eher gerade statt nach außen gewölbte Afterflosse

Gewicht / Länge maximal etwa:
4 kg / 60 cm

Verwechslungen möglich mit:
Döbel, Rotauge, Rotfeder

Gewässer:
Mittelstark strömende Flüsse sowie einige Seen

Laichzeit:
April bis Juni

Beste Fangsaison:
Juni - Oktober

Gerät:
Leichte Posen- oder Spinnrute

Schnurstärke:
0,16 - 0,20 mm

Hakengröße:
10 - 12

Montage:
Feststellpose, Spinnmontage

Wassertiefe:
Mittelwasser bis Oberfläche

Köder:
Würmer, Maden, Brotkrusten, Spinner Größe 1 - 2

Angelstellen:
Unter oder im Bereich überhängender Zweige, vor Wehrabbrüchen

BRACHSEN/ BRASSEN

(Abramis brama)

Kennzeichen:
Endständiges Maul, das beim Wühlen im Schlamm vorgestülpt werden kann. Hoher Körper, spitz zulaufende, grau gefärbte Flossen, sehr starke Schleimschicht

Gewicht / Länge maximal etwa:
8 kg / 75 cm

Verwechslungen möglich mit:
Güster

Laichzeit:
Mai - Juli

Beste Fangsaison:
April - Oktober

Gewässer:
Seen und Teiche sowie langsam strömende Flüsse

Gerät:
Leichte Posen- oder Grundrute

Schnurstärke:
0,16 - 0,20 mm

Hakengröße:
10 - 14

Montage:
Feststell- oder Laufpose, Laufblei mit Schwing- oder Zitterspitze

Wassertiefe:
Grund

Köder:
Mais, Maden, Caster, Würmer

Angelstellen:
Über schlammigem Grund mit reichlich Nahrung (vor allem Zuckmückenlarven)

GÜSTER *(Blicca bjoerkna)*

Kennzeichen:
Körper silberfarben, vordere Partien der Brust- und Bauchflossen rötlich gefärbt, endständiges und nur wenig vorstülpbares Maul. Im Unterschied zum Brachsen reichen die Brustflossen nicht bis zum Ansatz der Bauchflossen.

Gewicht / Länge maximal etwa:
1 kg / 35 cm

Verwechslungen möglich mit:
Brachsen

Gewässer:
Warme stehende und langsam fließende Seen beziehungsweise Flüsse.

Laichzeit:
Mai - Juni

Beste Fangsaison:
Mai - Oktober

Gerät:
Leichte Posenrute

Schnurstärke:
0,16 mm

Hakengröße:
14 - 18

Montage:
Feststell- oder Laufpose

Wassertiefe:
Grund

Köder:
Maden, kleine Würmer, Mais

Angelstellen:
Warmes, seichtes Wasser mit Pflanzen und ufernahe Bereiche

BARBE *(Barbus barbus)*

Kennzeichen:
Unterständiges Maul, vier Barteln, fast flacher Bauch

Gewicht / Länge maximal etwa:
9 kg / 90 cm

Verwechslungen möglich mit:
Junge Barben mit dem Gründling

Gewässer:
Rasch strömende Flüsse und breitere Bäche

Laichzeit:
Mai - Juli

Beste Fangsaison:
Mai-November

Gerät:
Mittlere Grundrute mit Zitterspitze

Schnurstärke:
0,25 - 0,30 mm

Hakengröße:
4 - 8

Montage:
Laufblei

Wassertiefe:
Grund

Köder:
Würmer, Maden, Käse, Frühstücksfleisch

Angelstellen:
Einlauf von Nebenflüssen, Auslauf von Wehrgumpen

LEXIKON

Unterständiges Maul: *Oberkiefer länger als Unterkiefer. Somit zeigt das Maul gewissermaßen nach unten. Das ist ein Kennzeichen von Fischen, die Nahrung vom Grund aufnehmen.*

NASE *(Chondrostoma nasus)*

Kennzeichen:
Nasenartiger, stumpfer Vorsprung über der Oberlippe

Gewicht / Länge maximal etwa:
3,5 kg / 65 cm

Verwechslung möglich mit:
Rußnase (dunkle »Nase« über dem Maul)

Gewässer:
Schneller strömende Flüsse. In Seen in Mündungsbereichen

Laichzeit:
März bis Mai

Beste Fangsaison:
Juni - September ab dem späten Nachmittag bis in den Abend

Gerät:
Leichte Posen- oder Grundrute

Schnurstärke:
0,16 - 0,20 mm

Hakengröße:
10 - 16

Montage:
Feststellpose, Laufblei mit Zitterspitze

Wassertiefe:
Grund

Köder:
Maden, kleine Würmer

Angelstellen:
Kiesbänke in seichtem Wasser, Auslauf von Wehrgumpen und gelegentlich direkt im ausgespülten Bereich.

KARAUSCHE *(Carassius carassius)*

Kennzeichen:
Hochrückig, große Schuppen, keine Barteln

Gewicht / Länge maximal etwa:
3,5 kg / 50 cm

Verwechslungen möglich mit:
Giebel, Schuppenkarpfen

Gewässer:
Wärmere, seichte Seen und Teiche sowie langsam strömende Flüsse

Laichzeit:
Mai - Juni

Beste Fangsaison:
April bis Oktober

Gerät:
Leichte Posen- oder Grundrute

Schnurstärke:
0,16 - 0,20 mm

Hakengröße:
8 - 14

Montage:
Feststell- oder Laufpose, Laufblei mit Schwingspitze

Wassertiefe:
Grund

Köder:
Maden, kleine Würmer, Mais

Angelstellen:
Dicht vor Schilf, Wasserpflanzen und an weiteren nahrungsreichen Plätzen mit ausreichend Deckung

SCHLEIE *(Tinca tinca)*

Kennzeichen:
Kleines Maul, zwei Barteln, hohe Schwanzwurzel

Gewicht / Länge maximal etwa:
4,5 kg / 65 cm

Verwechslungen möglich mit:
nicht möglich

Gewässer:
Wärmere Seen und Teiche sowie langsam strömende Flüsse

Laichzeit:
Mai - Juli

Beste Fangsaison:
Mai - September

Gerät:
Leichte Posen- oder Grundrute

Schnurstärke:
0,16 - 0,20 mm

Hakengröße:
8 - 12

Montage:
Feststellpose, Laufblei mit Schwing- oder Zitterspitze

Wassertiefe:
Grund

Angelstellen:
Vor Krautbetten und Schilf sowie in Krautlücken

Karpfen

KARPFEN *(Cyprinus carpio)*

Kennzeichen:
Unterständiges Maul, vier Barteln

Gewicht / Länge maximal etwa:
35 kg / 100 cm

Verwechslungen möglich mit:
Karausche, Giebel

Gewässer:
Wärmere Seen und Teiche sowie langsam strömende Flüsse

Laichzeit:
Mai bis Juli

Beste Fangsaison:
Mai - September

Gerät:
Mittlere bis starke Posen- oder Grundrute

Schnurstärke:
0,25 - 0,35 mm

Hakengröße:
1 - 4

Montage:
Feststell- oder Laufpose, Laufblei oder Fluchtmontage

Wassertiefe:
Grund, gelegentlich Oberfläche

Köder:
Mais, Würmer, Teig, Frolic, Boilies

Angelstellen:
In der Nähe von Wasserpflanzen, Schilf, Rückströmungen und anderen Strukturen im Wasser

Raubfische

Normalerweise ernähren sich Raubfische von anderen Fischen. Vor allem Hechte und Barsche schrecken dabei auch von Artgenossen nicht zurück. Manchmal werden die Räuber ihrer Bezeichnung aber nicht gerecht - denn gelegentlich beißen vor allem kleinere Exemplare auch auf typische Friedfischköder wie Teig oder Mais. Und es ging schon einmal ein 130 Pfund schwerer Wels auf ein ganzes Brötchen.

BARSCH *(Perca fluviatilis)*

Kennzeichen:
Stachelstrahlen an der vorderen der beiden Rückenflossen, Bauch-, After- und Schwanzflosse meist rot gefärbt, schwarze Querstreifen auf den grünlichen Flanken, Kammschuppen.

Gewicht / Länge maximal etwa:
3,25 kg / 55 cm

Verwechslungen möglich mit:
Kaulbarsch

Gewässer:
Seen und Teiche sowie langsam strömende Flüsse

Laichzeit:
April - Juni

Beste Fangsaison:
Juni - November

Gerät:
Leichte Posen-/ Grundrute, leichte Spinnrute

Schnurstärke:
0,16 - 0,20 mm

Hakengröße:
2 - 10

Montage:
Feststell- oder Laufpose, Laufblei, Spinnmontage

Wassertiefe:
Alle Gewässerschichten

Köder:
Würmer, Köderfische, kleine Spinner, Twister und Wobbler

Angelstellen:
Bootsstege, vor Wasserpflanzen, Schilf, Baumwurzeln und anderen Hindernissen

ZANDER *(Stizostedion lucioperca)*

Kennzeichen:
Stachelstrahlen an der vorderen der beiden Rückenflossen, wesentlich schlanker als der Barsch, silbern bis golden glänzende Schuppen. Die Augen spiegeln bei einem Lichtschein in der Dunkelheit.

Gewicht / Länge maximal etwa:
19 kg / 115 cm

Verwechslungen möglich mit:
nicht möglich

Gewässer:
Seen sowie Flüsse mit langsamer bis mittlerer Strömung

Laichzeit:
April - Mai

Beste Fangsaison:
Mai - November

Gerät:
Leichte bis mittlere Posen- und Grundrute, mittlere Spinnrute

Schnurstärke:
0,22 - 0,30 mm

Hakengröße:
1 - 2

Montage:
Feststellpose, Laufblei, Spinnmontage

Wassertiefe:
Meistens am Grund, gelegentlich in der Dämmerung und bei Nacht an der Oberfläche

Köder:
Twister, Gummifische, Köderfische (6 - 15 cm) an der Grundmontage

Angelstellen:
In der Nähe von Futterfischen über Kiesgrund sowie im Bereich von **Buhnen** und Strömungskanten.

LEXIKON

***Buhnen**: In verbaute Flüsse ragende lange Steinschüttungen. Ein Flussabschnitt mit mehreren Buhnen wird als Buhnenfeld bezeichnet.*

HECHT *(Esox lucius)*

Kennzeichen:
Tiefgespaltenes Maul mit sehr vielen Zähnen, Rückenflosse auf Höhe der Afterflosse

Gewicht / Länge maximal etwa:
32 kg / 145 cm

Verwechslungen möglich mit:
nicht möglich

Gewässer:
Seen und Teiche sowie Flüsse mit langsamer bis mittlerer Strömung

Laichzeit:
Februar - Mai

Beste Fangsaison:
Mai / Juni und September / Oktober

Gerät:
mittlere bis starke Grund- und Spinnrute, Stahlvorfach

Schnurstärke:
0,25 - 0,40 mm

Hakengröße:
2 / 0-1

Montage:
Feststell- oder Laufpose, Laufblei, Spinnmontage

Wassertiefe:
Große Fische häufig am Grund, um die Laichzeit herum sowie im Herbst im Flachwasser

Köder:
Verschiedenste, größere Spinnköder, Köderfische (10 - 20 cm)

Angelstellen:
Im Frühjahr und Herbst in Flachwasserbereichen mit reichlich Futterfischen, ansonsten in der Nähe von Unterständen wie Seerosen, oder Bootsstegen sowie an ruhigen Stellen im Fluss

WELS/ WALLER *(Silurus glanis)*

Kennzeichen:
Zwei lange Bartfäden links und rechts außen über dem Oberkiefer, vier kurze unter dem Unterkiefer, sehr breiter Kopf, winzige Rückenflosse

Gewicht / Länge maximal etwa:
125 kg / 240 cm

Verwechslungen möglich mit:
In kleinen Größen mit dem Zwergwels

Gewässer:
Ruhig strömende, wärmere, trübe Flüsse sowie Seen

Laichzeit:
Mai - Juni

Beste Fangsaison:
März - April und Juli - Oktober

Gerät:
Starke Grund- und Spinnrute

Schnurstärke:
0,40 - 0,60 mm

Hakengröße:
4 / 0-1

Montage:
Feststellpose, Laufblei, Spinnmontage

Wassertiefe:
Oberfläche bis Grund

Köder:
Große Blinker oder Gummifische, Wurmbündel, schlankere Köderfische

Angelstellen:
Tiefe Löcher und Rinnen im Flussgrund, versunkene Bäume in Stauseen

RAPFEN *(Aspius aspius)*

Kennzeichen:
Oberständiges, tiefgespaltenes Maul

Gewicht / Länge maximal etwa:
9 kg / 95 cm

Verwechslungen möglich mit:
Aland

Gewässer:
Flüsse mit langsamer bis mittlerer Strömung, seltener in Seen

Laichzeit:
April - Juni

Beste Fangsaison:
April - Oktober

Gerät:
Mittlere Spinnrute

Schnurstärke:
0,25 - 0,30 mm

Hakengröße:
1 - 4

Montage:
Spinnmontage

Wassertiefe:
Oberfläche

Köder:
Schnell kurz unter der Oberfläche geführte Spinner oder schlanke Blinker

Angelstellen:
Im Oberflächenbereich an Strömungskanten und mitten in der Strömung

(AAL-)RUTTE/ (AAL-)QUAPPE/ TRÜSCHE *(Lota lota)*

Kennzeichen:
Eine Bartel unter der Unterlippe, eine kurze und eine lange Rückenflosse.

Gewicht / Länge maximal etwa:
8 kg / 100 cm

Verwechslungen möglich mit:
Kleine Welse

Gewässer:
Kühlere, klare Bäche, Flüsse und Seen

Laichzeit:
November - März

Beste Fangsaison:
Herbst und Winter bis April

Gerät:
Mittlere Grundrute

Schnurstärke:
0,25 - 0,30 mm

Hakengröße:
1/0 - 2

Montage:
Laufblei

Wassertiefe:
Grund

Köder:
Tauwürmer, tote Köderfische, Fetzen

Angelstellen:
Unterwasser-Hänge sowie der Bereich von Zu- und Abflüssen in Seen, steiniger Grund mit schützenden Felsen im Fluss, Strömungskanten

AAL *(Anguilla anguilla)*

Kennzeichen:
Unverwechselbarer, schlangenartiger Körper mit sehr schleimiger Haut

Gewicht / Länge maximal etwa:
6 kg / 140 cm

Verwechslungen möglich mit:
nicht möglich

Gewässer:
Außer in sehr kalten und schnellströmenden Flüssen, in fast allen Fließgewässern und wärmeren Seen anzutreffen

Laichzeit:
Wandert ab September zum Laichen in die Sargassosee, die im Atlantik vor der Küste Nordamerikas unterhalb der Bermuda-Inseln liegt.

Beste Fangsaison:
Mai - Oktober

Angelstellen:
Theoretisch überall wo reichlich Futter und Verstecke zur Verfügung stehen (siehe Text).

Gerät:
Mittlere Grundrute

Schnurstärke:
0,30 - 0,35 mm

Hakengröße:
1/0 - 2

Montage:
Feststell- oder Laufpose, Laufblei

Wassertiefe:
Grund

Köder:
Würmer, tote Köderfische

Lachsartige (Salmoniden)

Die Salmoniden werden bei uns vor allem von Bach- und Regenbogenforellen vertreten. Sie gelten unter vielen Anglern und Feinschmeckern als die edelsten Fische, obwohl meiner Meinung nach jeder Fisch als Lebewesen die gleiche Achtung verdient. Die große Kampfkraft und der gute Geschmack der grätenarmen Salmoniden ist aber nicht zu bestreiten.

Alle Salmoniden besitzen zwischen Rücken- und Schwanzflosse eine kleine weitere Flosse, die strahlenlose Fettflosse. Da die Äsche mit den Salmoniden nicht allzu weit entfernt ist, findet sie sich ebenfalls in diesem Kapitel. Sobald du die ersten Erfahrungen beim Angeln gesammelt hat, solltest du dir einmal die schönste und fairste Form des Forellen- und Äschenfischens ansehen: das Fliegenfischen (siehe Seite 123).

BACHFORELLE *(Salmo trutta fario)*

Kennzeichen:
Mehr oder weniger stark ausgeprägte rote Tupfen auf den Flanken, keine Punkte oder Flecken auf der Schwanzflosse, meist ist die Partie oberhalb des weißen Bauchs gelblich gefärbt.

Gewicht / Länge maximal etwa:
15 kg / 100 cm

Verwechslungen möglich mit:
See- und Meerforelle

Gewässer:
Kalte, klare, sauerstoffreiche Bäche, Flüsse und Seen

Laichzeit:
Dezember - März

Beste Fangsaison:
April - Juni und September - Oktober

Gerät:
Leichte Spinnrute

Schnurstärke:
0,16 - 0,25 mm

Hakengröße:
8 - 12

Montage:
Spinnmontage

Wassertiefe:
Oberfläche (Abend) bis Grund (tagsüber)

Köder:
Kleine Spinnköder

Angelstellen:
In Flüssen in Gumpen oder hinter schützenden Felsen oder Büschen, in der Dämmerung mitten in Fluss oder See

REGENBOGENFORELLE

(Oncorhynchus mykiss)

Kennzeichen:
Violetter Streifen entlang der Seitenlinie, deutliche dunkle Punkte und Flecken auf der Schwanzflosse

Gewicht / Länge maximal etwa:
12 kg / 90 cm

Verwechslungen möglich mit:
nicht möglich

Gewässer:
Kalte sowie auch etwas wärmere aber doch recht sauerstoffreiche Bäche, Flüsse und See. Einige Fische wandern als »Steelheads« auch in die Ostsee

Laichzeit:
Dezember-April (in Europa meist keine Fortpflanzung)

Beste Fangsaison:
April - September / Oktober

Gerät:
Leichte Spinnrute

Schnurstärke:
0,16 - 0,25 mm

Hakengröße:
8 - 12

Montage:
Spinnmontage

Wassertiefe:
Oberfläche (Abend) bis Grund (tagsüber)

Köder:
Kleine Spinnköder

Angelstellen:
In Gumpen und vor allem im freien Wasser, in sehr schnellen Gewässern jedoch hinter Felsen und ähnlichem

BACHSAIBLING *(Salvelinus fontinalis)*

Kennzeichen:
Sehr tiefe Maulspalte, Rücken grünbraun marmoriert, auffällig helle Säume an Brust-, Bauch- und Afterflossen.

Gewicht / Länge maximal etwa:
4 kg / 65 cm

Verwechslungen möglich mit:
Seesaibling (lebt in Alpenseen)

Gewässer:
Kalte, sauerstoffreiche Bäche, Flüsse und Seen

Laichzeit:
Oktober - März

Beste Fangsaison:
April - September

Gerät:
Leichte Spinnrute

Schnurstärke:
0,16 - 0,20 mm

Hakengröße:
8 - 12

Montage:
Spinnmontage

Wassertiefe:
Häufig Oberfläche

Köder:
Kleine Spinnköder

Angelstellen:
Mitten in der Strömung, gelegentlich auch unter schützenden Zweigen und ähnlichem

ÄSCHE *(Thymallus thymallus)*

Kennzeichen:
Hohe und lange Rückenflosse (besonders ausgeprägt bei den Männchen), kleines Maul, wabenförmiges Schuppenmuster, Fettflosse

Gewicht / Länge maximal etwa:
3 kg / 60 cm

Verwechslungen möglich mit:
Renke

Gewässer:
Nicht allzu kalte Flüsse und Bäche

Laichzeit:
März - Mai

Beste Fangsaison:
Juni - Oktober

Gerät:
Leichte Posenrute, eventuell leichte Spinnrute

Schnurstärke:
0,16 mm

Hakengröße:
14 - 18

Montage:
Feststellpose, Spinnmontage

Wassertiefe:
Oberfläche und Grund

Köder:
Maden, kleine Würmer, seltener auch kleine Spinner

Angelstellen:
Über dem sauberen Kiesgrund mittelstark strömender Gewässer sowie an Krautfahnen

Kleinfische

Einige Fischarten eignen sich durch ihre geringe Maximalgröße fast ausschließlich als Raubfisch-Köder. Sie lassen sich am besten an Montagen mit zarten Schwimmern und dünnen Schnüren von 0,12 bis 0,14 Millimeter fangen. Die Hakengröße liegt bei 14 bis 18. Maden erwiesen sich als die besten Universalköder. Außerdem fangen kleine Würmer und Teigkügelchen. Wie bei den größeren Fischarten sollten genauso die Laichzeiten der Kleinfische und ihr begrenzter Fang berücksichtigt werden. Denn ohne diese Fische würde in den Gewässern ein wichtiges Glied in der Nahrungskette fehlen.

LAUBE/ UKELEI *(Alburnus alburnus)*

Kennzeichen:
Silberfarbener, leicht grünlich-blaue Flanken mit locker sitzenden Schuppen, bläulicher Rücken, oberständiges Maul

Länge maximal etwa:
22 cm

Verwechslungen möglich mit:
andere kleine Weißfische

Laichzeit:
April bis Juni

Gewässer:
Hauptsächlich langsam strömende Flüsse

Fangstellen:
Oberfläche bis Mittelwasser, selten über dem Grund

GRÜNDLING *(Gobio gobio)*

Kennzeichen:
Bräunlicher Körper mit dunklen Flecken auf den Flanken, unterständiges Maul mit zwei Barteln.

Länge maximal etwa:
20 cm

Verwechslungen möglich mit:
junge Barben

Laichzeit:
Mai bis Juni

Gewässer:
Rasch und langsam strömende Bäche und Flüsse sowie Seen

Fangstellen:
Grund

HASEL *(Leuciscus leuciscus)*

Kennzeichen:
Nur wenig seitlich abgeflachter, silbrig bis leicht bräunlicher Körper sowie kleines, etwas unterständiges Maul

Länge maximal etwa:
33 cm

Verwechslungen möglich mit:
Döbel, Aland

Laichzeit:
März - Mai

Gewässer:
Kühlere mittelschnell bis langsam strömende Bäche und Flüsse sowie Zu- und Abflüsse sauberer Seen

Fangstellen:
Mitten in leichter bis mittlerer Strömung sowie gelegentlich in schützenden Rückströmungen

KAULBARSCH *(Acerina cernua)*

Kennzeichen:
Stachelstrahlen an der vorderen der zusammengewachsenen beiden Rückenflossen, Kammschuppen, Im Verhältnis zum Körper sehr großer Kopf

Länge maximal etwa:
25 cm

Verwechslungen möglich mit:
Barsch, kleine Zander

Laichzeit:
April bis Mai

Gewässer:
Nicht zu kalte Seen und Teiche sowie langsam strömende Flüsse und Mündungsgebiete

Fangstellen:
Über festem Grund, vorzugsweise in Ufernähe sowie an Scharkanten oder Kanalwänden

Senke

Zum Fang von Köderfischen gibt es neben Rute und Rolle eine zweite Möglichkeit – die Köderfischsenke. Das ist ein etwa 1 x 1 Meter großes Netz das durch zwei gebogene Metallstreben gespannt wird. An der Stelle, wo sich die Bügel kreuzen, wird an einer Öse eine kräftige Schnur befestigt. Die Länge hängt von der Gewässertiefe und der Höhe der Uferböschung ab. Für den Transport lassen sich die meisten Senken zusammenklappen.

Senke im Wurf. Das Seil sollte am Ufer oder Fischer festgebunden sein, damit das Netz nicht endgültig abtaucht.

Der Einsatz ist denkbar einfach: Am besten bindest du zuerst das Seilende an das Handgelenk oder an den Hosengürtel, damit die Senke nicht versehentlich auf Nimmerwiedersehen im Wasser verschwindet. Dann wirfst du das Netz so in Richtung Wasser, dass die Fläche eben auf die Oberfläche trifft. Je nach Standtiefe der Fische lässt du es mehr oder weniger weit absinken. Nach einigen Sekunden oder auch einer Minute Wartezeit wird das Netz möglichst zügig eingeholt. Notfalls eignet sich eine Senke an hohen, steilen Ufern auch als Kescher. Achtung: Köderfischsenken sind an einigen Gewässern nicht erlaubt.

Die Köderfischsenke verhalf rasch zu zwei kleineren Ködern für Aal, Barsch oder Zander.

Angelstellen

Grundsätzlich können kleine und große Fische an jeder Stelle eines Gewässers stehen. Wie andere Tiere ziehen sie jedoch solche Plätze vor die entweder gute Deckung bieten, besonders gute Futterstellen sind oder vor der Strömung schützen.

Als Deckungen dienen vor allem überhängende Zweige, Felder von Wasserpflanzen oder in das Wasser gestürzte Bäume. Aber auch im Schutz von unterspülten Ufern und unter Bootsstegen halten sich viele Wasserbewohner auf. Da sich auch kleine Fische in diesen Unterständen wohl fühlen, sind auch Räuber wie Hechte oder Zander nicht weit. Und in strukturarmen Kanälen finden sich Fische meist überall dort, wo es etwas Besonders gibt. Dazu zählen Kraftwerkszuflüsse, Einmündungen von Hafenbecken oder Brückenpfeiler.

Im Schatten der Seerosen finden Fried- und Raubfische Deckung und Futter.

Mündungen von Nebenflüssen sind gute Plätze, da es hier viel Futter gibt. Tipp: Den Köder an die Kante zum tiefen Wasser legen.

An den ruhigen Stellen vor oder hinter Steinen und Felsen suchen viele Fische Schutz vor der Strömung und finden hier reichlich Nahrung.

Bewegen sich die Schilfstengel bei Windstille, sind bestimmt Karpfen oder andere größere Fische dazwischen unterwegs. Dann solltest du dicht davor mit kräftiger Schnur angeln.

Hier zieht ein gründelnder Karpfen seine Blasenspur...

...und ist mit einer Polarisationsbrille auch zu sehen.

Die Rückströmung hinter einer Buhne bildet wie die Strömungskante einen beliebten Standplatz.

Unter Wehren gibt es meist einen tiefen Gumpen mit reichlich Futter und viel Sauerstoff.

Regionen

*Die Lebensräume der Süßwasserfische werden in fließenden Gewässern in fünf Bereiche eingeteilt, wobei jede den Namen einer für die jeweilige **Region** typischen Fischart trägt. Die oberste Region heißt deshalb **Forellenregion.** In ihrem kalten, schnellfließenden und nährstoffarmen Wasser halten sich fast ausschließlich Forellen und Bachsaiblinge. Wesentlich mehr Fische finden sich in der nährstoffreicheren **Äschenregion.** Hier finden sich neben dem **Leitfisch** die Nase, der ab hier allgegenwärtige Döbel und andere Arten.*

Dieser herrliche Forellen- und Äschenfluss lädt geradezu zum Angeln ein.

*Darauf folgt die **Barbenregion,** in der sich auch Aland und Rapfen wohlfühlen. Am artenreichsten ist die warme und sehr nährstoffhaltige **Brachsenregion** mit ihrem meist etwas trüben, träge fließenden Wasser. Im Brackwasser der **Kaulbarsch-/ Flunderregion** in der Nähe der Flußmündungen ins Meer können sowohl Süß- als auch Salzwasserfische vorkommen. Somit können sich neben Barsch und Hecht genauso Dorsch und Hering wohlfühlen. Und das gestaltet das Angeln in diesen Gebieten besonders abwechslungsreich.*

LEXIKON

Leitfisch: *Die Fischart, die einer Gewässerregion den Namen gibt, wie Forellen- oder Barbenregion.*

Vor dem »Rechen« eines Mühlkanals stehen häufig besonders viele Fische. Durch die Wasserwirbel an dieser Stelle müssen die Wasserbewohner weniger gegen die Strömung ankämpfen.

***Stehende Gewässer** lassen sich etwa in folgende Kategorien einteilen:*

***Hochgebirgsseen** liegen häufig in über 2000 Meter Höhe und enthalten sehr kaltes Wasser. Da es zudem nur wenig Nahrung gibt, kommen nur wenige Fischarten mit den schwierigen Bedingungen zurecht. Häufig leben nur Seesaiblinge in den Seen, eine mit den Forellen verwandte Fischart. Dazu kommen unter nicht allzu kritischen Umständen die Bachforellen.*

***Voralpenseen** werden von Fischen bewohnt, die kälteres, sauerstoffreiches Wasser lieben oder darin leben können. Dazu gehören Forellen, Renken, Hechte und Barsche. In seichteren und damit wärmeren Uferzonen finden sich zudem Karpfen und verschiedene Weißfisch-Arten.*

***Baggerseen** sind die Folge von Kiesbaggerungen. Und da sich Kies in aller Regel im Bereich großer Flüsse findet, liegen die Baggerseen ebenfalls in deren Nähe. Zwar benötigen die Gewässer einige Jahre, bis sich Kleinlebewesen und schließlich Fische ansiedeln. Dann jedoch können Baggerseen reichliche Fischbestände beherbergen, wobei die Artenvielfalt je nach Höhenlage von Forellen über Zander bis zu Karpfen reicht.*

***Flachlandseen** entsprechen in etwa der Brachsenregion der Flüsse. Die oft pflanzenreichen Seen enthalten vom Frühjahr bis in den Herbst warmes Wasser, was eine Voraussetzung für ein üppiges Nahrungsaufkommen ist. Entsprechend viele wärmeliebende Fische und Arten wie Rotaugen, Brachsen, Karpfen oder Hechte finden hier einen komfortablen Lebensraum.*

*Als **Bodden** werden die Brackwasserseen an der Ostsee bezeichnet. Sie stehen in direkter Verbindung mit dem Baltischen Meer, werden jedoch häufig auch von Süßwasserzuflüssen gespeist. Je nach Windrichtung drückt das salzige Wasser mehr oder weniger stark in die Bodden, wo Hecht, Zander, Barsch und Brassen neben Hering und Flunder vorkommen.*

Mit dem Boot geht es auf dem Bodden zur Fahrrinne, einem hier viel versprechenden Angelplatz.

Der Angler fand offensichtlich die richtige Stelle.

Nachtangeln

Jetzt sollte das Gerät für das Nachtangeln fertig vorbereitet zur Verfügung stehen.

Das Angeln in der Dämmerung und bei Nacht besitzt einen ganz besonderen Reiz. Wird es still am Gewässer und die Zivilisation verbreitet nur noch wenig Lärm, kannst du immer mehr Stimmen der Natur hören, die jetzt erst richtig erwacht. Dazu zählen unter anderem viele Fischarten, die hauptsächlich im Dunkeln ihre Nahrung suchen. Zu der Beute der Nachtangler zählen vor allem Aal, Waller und Zander. Auch viele Karpfenangler erzielen ihre besten Erfolge bei Nacht – manchmal geht es sogar erst ab 2 Uhr früh richtig los. Aber Vorsicht: In einigen Gewässern ist das Nachtangeln nicht so lange gestattet.

Grundsätzliches

Für das Nachtangeln kannst du das gleiche Gerät wie tagsüber verwenden. Allerdings muss es besonders ordentlich verstaut werden, sonst verlierst du im Dunkeln mit der Zeit eine ganze Menge Material. Außerdem wird für einen nächtlichen Ansitz etwas mehr **Zubehör** benötigt. Das fängt schon bei warmer Kleidung an, da es selbst in Sommernächten recht kühl werden kann. Außerdem aufgrund des Taus auf den Wiesen wasserdichte Schuhe selbst bei trockenem Wetter sehr empfehlenswert.

Bevor es dunkel wird, sollte die **Umgebung** erkundet werden. Denn bei Nacht muss der Angler unbedingt die freien Wurfschneisen kennen, damit am nächsten Morgen nicht mehrere Montagen die Büsche und Bäume am Wasser schmükken. Während dem Fischen solltest du jedoch keinesfalls in Richtung Wasser leuchten, da die Fische durch das Licht unter Umständen schnell für die nächsten Stunden vergrämt sind. Nicht zuletzt solltest du den Rückweg genau kennen, da im Dunkeln vieles anders aussieht und häufig Wurzeln und Löcher als Fallen auf

In der durchsichtigen Antenne der linken Pose steckt ein Knicklicht. Auch die Schwimmer daneben besitzen entsprechende Hohlräume.

dem Heimweg lauern. Dabei geht ohne eine Taschenlampe mit frischen Batterien so gut wie nichts.

Bissanzeige

Helligkeit in das Nachtangeln bringt auch ein kleines Knicklicht. Knickst du eines dieser etwa vier Zentimeter langen Plastikröhrchen etwas in der Mitte, vermischen sich zwei flüssige Chemikalien und ein grünliches Licht erscheint. Jetzt kannst du das Lämpchen als Bissanzeiger zum Beispiel neben ein Aalglöckchen mit Tesafilm an die Rutenspitze wickeln. Auf die gleiche Weise geht einer Schwing- oder Zitterspitze ein Licht auf. Oder du verbindest ein Knicklicht mit einem Aalglöckchen, das beim Grundangeln auf die Spule gelegt wird. Sobald Schnur von der Rolle gezogen wird fällt das Glöckchen herunter und man sieht zudem aus einiger Entfernung, wenn das Lichtchen nicht mehr auf der Spule liegt.

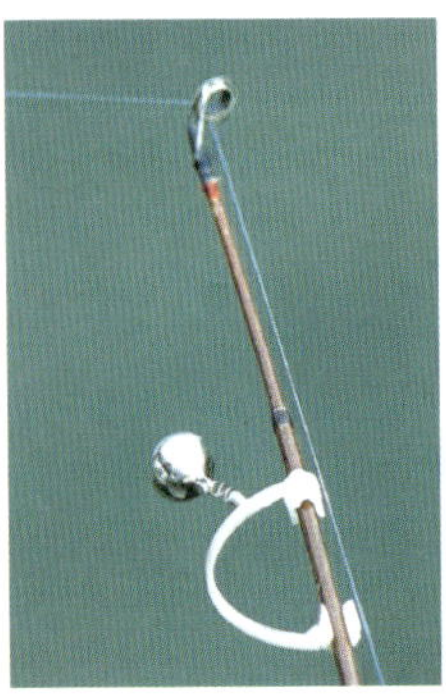

Aalglöckchen an der Rutenspitze.

Der Fachhandelt bietet weiter eine Auswahl von Schwimmern mit hohlen, durchsichtigen Antennen an, in die du ein Knicklicht stecken kannst. Wenn dann beim Raubfischangeln das Licht im Wasser ausgeht und die Schnur von der offenen Rolle rauscht, vergisst garantiert jeder Angler schlagartig einen eventuellen Anflug von Müdigkeit.

Statt einem Aal nahm ein kräftiger Döbel den Laubenschwanz.

Wenn du nach dem Angeln den Eimer öffnest, entdeckst du eine erstaunliche Eigenschaft der Aale: Sie haben bereits nach verhältnismäßig kurzer Zeit auch tief geschluckte Haken trotz Widerhaken wieder ausgespuckt. Vor dem Angelbeginn sollten immer einige Ersatzvorfächer griffbereit liegen.

Achtung: Derzeit (2001) ist das lebende Aufbewahren (Hältern) von Fischen zumindest in Deutschland gesetzlich umstritten.

Der Eimer steht schon bereit – jetzt fehlen noch die Aale.

Tipps fürs Aalfischen

Große Hilfe

Beim Fang von Aalen leistet ein Zehn-Liter-Farbeimer gute Dienste. Du füllst ihn zu drei Vierteln mit Wasser und gibst einige Büschel Gras dazu. Hängt dann ein Aal am Haken, packst du ihn lebend in den Eimer, hängst das Vorfach einfach aus dem Karabinerwirbel aus und schließt den Deckel wirklich fest. Denn die glitschigen Gesellen sind Ausbruchspezialisten. Durch das Gras halten sich die Aale aber ansonsten völlig ruhig.

In der Küche

Filetieren

Das Filetieren bietet sich für kleine und große Fische an. Das Fleisch dicker Fische lässt sich dadurch schneller garen oder Stücke für ein Ragout daraus schneiden. Außerdem können Filets als Material für Frikadellen durch den Wolf gedreht werden. Das Ausnehmen des Fischs kann man sich sparen.

Filetiermesser gibt es in verschiedensten Größen. Nimm am besten ein Modell mit mindestens 20 Zentimeter langer Klinge.

Zuerst erfolgt auf jeder Seite der Flanke ein Schnitt vom Genick aus am Kopfende entlang zum Bauch geführt. Danach ritzen zwei Schnitte links und rechts von der Wirbelsäule die Haut ein. Die Filets werden jetzt durch ein sehr scharfes Messer, das möglichst eine sehr schmale, lange und biegsame Klinge besitzt, an den Gräten entlang geschnitten. Zum Schluß kannst du noch die Haut abziehen. Dazu wird das Filet mit dem Fleisch nach oben auf eine ebene Unterlage gelegt und mit einem flachen Schnitt von der Haut getrennt. Ein schnittsicherer Filetierhandschuh vermeidet übrigens Verletzungen der Hand, die den Fisch beim Filetieren hält.

Braten

Beim Braten schmeckt der Fisch am besten, wenn statt Fett etwas Butter verwendet wird. Als Würze dient ein wenig Salz und etwas Pfeffer. Vor allem verfeinern Knoblauch und Zwiebeln den Geschmack. Der Fisch wird mit der Haut solange gebraten, bis er goldbraun ist und sich die Rückenflosse leicht herausziehen lässt – der Fisch ist gar. Aus dem Bratfett, Sahne und ein wenig Zitronensaft lässt sich eine schmackhafte Soße bereiten. Abgeschmeckt wird sie wieder mit Salz und Pfeffer. Als Beilage eignen sich Pellkartoffeln oder Butterreis sowie Salat ganz nach Geschmack. Ein trockener Weiß- oder Rotwein rundet das Mahl ab.

Dünsten

Persönlich habe ich normalerweise etwas gegen gekochten Fisch – vor allem, wenn ich einen schlabbrigen Karpfen Blau sehe. Baden gedünstete Fischstücke dagegen in einer schmackhaften Soße, lasse ich meine Einwände schnell fallen. Beispielsweise beim Fisch-Zucchini-Ragout: Dazu wird ein Pfund Kartoffeln möglichst mit Schale gegart und in der Zwischenzeit die gleiche Menge Fischfilet in Würfel geschnitten. Feine Würfel aus zwei Zwiebeln und vier kleine Zucchini werden in etwa 40 Gramm Margarine angeschwitzt und dann mit 300 Milliliter Wasser abgelöscht. Jetzt kommt der Fisch mit zwei Esslöffeln süßer Sahne dazu. Das ganze wird mit etwas Salz, Pfeffer und ein wenig Dill (frisch oder getrocknet) abgeschmeckt. Nach 15 weiteren Minuten köcheln ist das Ragout gar und wird zusammen mit den Pellkartoffeln serviert.

Fischfrikadellen

Grätenreiche Fische sind nicht jedermanns Sache – zumindest nicht, bevor ihre Filets mit dem Pürierstab Bekanntschaft schlossen. Dadurch werden auch die kleinen Gräten so zerhäckselt, so dass sie nicht mehr zu spüren sind. Wer auf Nummer sicher geht, streicht die Masse noch durch ein Sieb, wo eventuell noch vorhandene Gräten hängenbleiben. Hier ein einfaches Rezept für vier Personen, das sich aber ganz nach Geschmack mit anderen Gewürzen variieren lässt:

750 g zerhäckseltes Fischfleisch
2 in Wasser eingeweichte und kräftig ausgedrückte Brötchen,
3 fein gewürfelte Zwiebel,
1 Ei,
1/2 Bund gehackte Petersilie und
Dill, Salz, Pfeffer nach Geschmack

Alles gut mischen, durchkneten und etwa 1,5 Zentimeter dicker Frikadellen formen. Jede Seite wird in Butter etwa drei bis vier Minuten bei mittlerer Hitze goldbraun gebraten. Dazu schmecken gemischte Salate sowie Karotten-/Erbsengemüse oder frische, gedünstete Stangenbohnen mit brauner Butter.

Fischfrikadellen mit Bohnen und brauner Butter

Räuchern

Von Jochen Rüdenauer

Räuchern ist eine der besten Zubereitungsarten für Fische, mit der ihr zudem Familie und Freunde beeindrucken könnt. Denn außer Anglern kann das kaum jemand. Ganz toll schmecken Forellen, aber auch alle Aal, Schleie, Karpfen und Brachsen kommen gut. Weniger eignen sich Hecht, Zander und Barsch.

Frisch geräucherte Forellen aus dem Tischräucherofen. Dieser kleine Ofen von ABU ist gerade mal so groß wie ein Schuhkarton.

Ausrüstung:

- Räucherofen und Zubehör (Angelladen)
- Räuchermehl (Angelladen)
- Salz
- Wasser

Salzen

Beim Räuchern kurz nach dem Fang muss man den Fisch trockensalzen. Der Fisch wird innen und außen mit Salz bestreut und eingerieben, dann für eine bis 1,5 Stunden in eine Wanne gelegt. Dabei muss die entstehende Flüssigkeit ablaufen können, statt den Fisch einzuweichen. Der Nachteil der Methode besteht darin, dass der Fisch nicht gleichmäßig durchsalzen wird. Es gibt also Bereiche, die fade schmecken und andere, die versalzen sind.

Bleibt nach dem Fischen mehr Zeit und ist der Hunger nicht zu groß, erweist sich das Nass-Salzen die bessere Methode. Dabei wird der Fisch für 12 Stunden in eine Lösung aus Kochsalz und Wasser gelegt. Es kommen etwa 50 bis 80 Gramm Kochsalz auf einen Liter Wasser. Die Fische sollten komplett in der Lösung liegen.

Nach dem Salzen sollte man die Fische unabhängig von der gewählten Methode kurz in klarem Wasser ausschwenken und nach Möglichkeit irgendwo zum Abtropfen aufhängen und einen Auffangbehälter für die abtropfende Salzlauge darunter stellen.

Räucheröfen

Es gibt zum einen die Tischräucheröfen, in die bis etwa 35 Zentimeter lange Fische, Stücke oder Filets passen und die Räuchertonnen oder -schränke für größere Exemplare wie Aale.

Räuchervorgang

Beim Räuchern im **Tischräucherofen** liegen die Fische auf einem Gitter, das Räuchermehl (Buchenholzspäne, eventuell getrocknete Wacholderbeeren) kommen darunter. Nach dem anzünden des Brenners sollte der Deckel die ersten Minuten offen stehen, damit der Wasserdampf entweichen kann. Dann wird der Deckel geschlossen und das Garen und Räuchern beginnt.

Der Vorgang dauert etwa 15 Minuten bis eine halbe Stunde. Nach viertel Stunde sollte man schauen, ob die Fische schon gar sind. Das erkennt ihr an der leicht herauszuziehenden Rückenflosse und am nicht mehr glasigen Fleisch. Nehmt dann die Fische heraus und esst sie warm oder lasst sie abkühlen.

Die Räuchertonne wird mit Zeitungspapier und Buchenholz angeheizt.

Für **Räucherschrank oder Tonne** spießt ihr die Fische auf Räucherhaken und hängt sie in den Ofen. Dann wird er je nach Modell mit Strom, Gas, Spiritus oder Holz angeheizt und sollte am Anfang offen bleiben, damit die Fische trocknen. Die Temperatur sollte höchstens 40 Grad betragen. Sobald sich die Fisch ledrig anfühlen, beginnt das etwa 45 Minuten lange Garen bei mindestens 65 Grad bis höchstens 110 Grad. Ob der Fisch gar ist, stellt ihr wieder wie oben beschrieben fest.

An das Garen schließt sich jetzt der Räuchervorgang an. Die Temperatur sollte dazu nach und nach auf rund 45 Grad sinken. Das Räuchermehl wird über der Heizquelle ausgebracht und alle Lüftungen geschlossen, sodass das Räuchermehl glimmt. Nach weiteren 45 Minuten ist der Fisch dann fertig geräuchert. Er lässt sich auch noch etwa 14 Tage im Kühlschrank aufbewahren.

Auch Karpfen eignen sich zum Räuchern.

Kleidung

Kleidung in gedeckten Farben fügt sich unauffällig in die Landschaft ein.

Am Fischwasser kommt bei der Kleidung immer Zweckmäßigkeit vor Schönheit: Der »Outfit« sollte einen bequemen, weiten Schnitt und eine unauffällige Farbe besitzen. Helle und knallige Designs eignen sich höchstens zum Verscheuchen der Fische oder für das Boots- und Hochseeangeln, da sich ein über Bord gegangener Angler vor allem bei starkem Wellengang leichter entdecken lässt.

Mit einer dunkelgrünen oder braunen **Hose** kannst du auch einmal auf einer grasbewachsenen Böschung ausrutschen, ohne dass man es dir hinterher gleich ansieht. Zusätzliche Beintaschen an der Hose nehmen Kleinteile auf.

Genauso sollte die **Jacke** über einige kleine und große Taschen für Zubehör verfügen, da sie dir vor allem beim Spinnfischen eine sperrige Umhängetasche sparen. Für die Sommermonate eignet sich eine ungefütterte Jacke oder eine ärmellose, mit einigen Taschen ausgestattete Weste. Jacken und Westen kannst du ruhig eine Nummer größer kaufen, damit bei kühlem Wetter noch ein Pullover darunter passt.

Als **Schuhe** eignen sich sehr gut lederne Bergstiefel mit einem grobstolligen Profil, wobei sich ungefütterte Modelle auch gut im Sommer tragen lassen. Wenn sie dann noch durch eine Schicht aus Gore-Tex weitgehend wasserdicht sind, dann besitzt du perfekte Angelschuhe. Nur wenn matschige Gräben oder seichtes Wasser durchquert werden müssen, bist du mit Gummistiefeln besser bedient.

Der Kauf von **Watstiefeln** oder **Wathosen** aus Gummi oder Neopren kann sich lohnen, wenn sich ein am Rand dicht bewachsenes Gewässer nicht vom Ufer aus befischen lässt. Auch in breiten aber verhältnismäßig flachen Gewässern kann

Wathosen ermöglichen nicht nur wie hier beim Fliegenfischen (siehe Seite 123) das trockene Gehen im Wasser, sondern bieten allgemein einen optimalen Regenschutz.

man mit einer Watausrüstung an sonst nur mit dem Boot erreichbare Fischgründe kommen. Allerdings ist Watfischen nicht überall erlaubt, da zu viele unachtsam durchs Wasser patschende Angler die Fische sehr stören und möglicherweise mit den Stiefeln sogar deren Laich zertreten. Selbst das Vorkommen von Kleintieren, die eine Hauptnahrung vieler Fische bilden, kann beeinträchtigt werden. Deshalb sollte man wo immer es geht entweder vom Ufer oder vom Boot aus fischen.

Ein **Hut** schützt dich im Sommer vor einem Sonnenstich. Eine breite Krempe verhindert, daß dich die Sonne blendet. Noch besser eignet sich eine **Schirmmütze** als Blendschutz, die im Idealfall abnehmbare seitliche Blenden besitzt. Solche Mützen gibt es als Zubehör zum Sportschießen im Waffen-Fachhandel.

Für bessere Sicht ins Wasser sorgt eine möglichst wenig getönte **Polarisationsbrille,** die die Spiegelungen auf der Wasser-Oberfläche zu einem Großteil ausschaltet. Mit so einer Brille entdeckst du so manchen Fisch in Sichtweite, der sonst unentdeckt an dir vorbeigeschwommen wäre.

Vor allem im Herbst und Winter gehören auch möglichst wasserdichte **Handschuhe** ins Gepäck. Einige spezielle Angelhandschuhe lassen einige Finger herausschauen oder besitzen Öffnungen für Daumen und Zeigefinger. Damit lassen sich zum Beispiel Knoten binden, ohne dabei die Handschuhe ausziehen zu müssen. Einen besonderen Kälteschutz bieten Modelle aus Neopren.

Speziell im Winter oder auch in den Morgen- und Abendstunden ist **Thermo-Unterwäsche** die zuverlässigste Versicherung gegen Erkältungen und Nierenleiden.

Eine Polarisationsbrille kann wie jede andere Sonnenbrille aussehen. Nur hebt sie je nach Lichteinfall einen größeren oder kleineren Teil der Wasserspiegelungen auf.

An trockenen Sommertagen genügt beim Angeln leichte Kleidung.

Regenkleidung

Zu deinem Standardgepäck sollte außer bei absolut sicherer Wetterlage ein klein zusammenlegbarer Regenanzug gehören, die es außer im Angelladen auch in Fahrradgeschäften gibt. Sehr gut eignen sich außerdem die Bundeswehr-Regenponchos, die es leicht gebracht bereits für etwa 15 Euro gibt. Angefeuchtet lassen sie sich gleichzeitig als Unterlage zum schonenden Abhaken von Fischen verwenden. Die Nähte müssen bei einem Regenschutz versiegelt sein, damit dort kein Wasser eindringt. Eine unter der Kapuze getragene Schirmmütze verhindert, dass Regen über das Gesicht läuft.

Ein Bundeswehr-Poncho lässt sich beim Angeln vielseitig einsetzen, unter anderem als seitlicher Wetterschutz am **Angelschirm**

Kleine Öfen mit Benzin- oder Glimmstäbchenbetrieb bieten Wärme an kalten Tagen. Allerdings arbeiten nur die Benzinmodelle zuverlässig. Die kleine, blaue Hülle enthält einen kompletten Regenanzug.

Ein mit Feuerzeugbenzin beheizter **Taschenofen** bietet zusätzlich über viele Stunden Wärme. Die mit Glimmstäben befeuerten Öfchen funktionieren dagegen erfahrungsgemäß weniger gut.

LEXIKON

Angelschirm: *Großer, stabiler Schirm mit einem Durchmesser von mindestens zwei Metern. Er schützt vor Sonne und Regen.*

Kleine Helfer

Für den Transport ans Wasser von Zubehör und Ködern eignet sich entweder eine **Umhängetasche** oder ein **Gerätekasten**. Wenn längere Strecken zu gehen sind, ist die Tasche die praktischere Wahl, zum Spinnfischen sowieso. Dagegen bringt ein Gerätekasten mit vielen Fächern mehr Ordnung in das Durcheinander kleiner und größerer Teile. Du kannst jedoch genauso einen oder mehrere Geräteschachteln in einen **Rucksack** packen – dann hast du die Vorteile von Tasche und Kasten kombiniert. Nimmst du nur sehr wenig Gepäck ans Wasser, genügt vor allem beim Spürangeln oder Spinnfischen eine Weste mit vielen Taschen wie sie Fliegenfischer oder Fotografen tragen.

Eine kleine **Schere** oder ein Klip zum Fingernägel abzwicken schont die Zähne beim Durchtrennen von Angelschnur und schneidet sowieso besser.

Ein Frottee-**Handtuch** lohnt sich immer mitzunehmen. Entweder um sich die Hände von Fischschleim oder der Brühe von Dosenmais zu reinigen oder um einen glitschigen Aal in den Griff zu bekommen.

In einer angefeuchteten **Jutetasche** hält sich ein abgeschlagener Fisch selbst im Sommer recht lange frisch. Denn beim Verdunsten der Feuchtigkeit entsteht Kälte, wobei die Tasche trotzdem nicht in der Sonne liegen sollte.

Ein leichter Dreibeinhocker lässt sich bequem transportieren und bietet am Wasser guten Sitzkomfort. In die mit vielen Taschen versehene Weste passen unter anderem Fernglas, Fotoapparat, Taschenmesser und eine Plastiktüte – alles nützliches Angelzubehör.

Auf dem Heimweg schützt schließlich eine simple **Plastiktüte** die Umgebung vor dem Kontakt mit der feuchten Jutetasche. Zudem kann die Tüte als Einziehstrumpf dienen, falls deine Gummistiefel Wasser geschöpft haben. Auch als Kameraschutz vor Nässe ist sie nicht zu verachten.

Ein kleiner Kocher sorgt für eine warme Mahlzeit.. Das Erhitzen der Dose empfiehlt sich nicht, da sie innen eine Kunststoff-Schicht besitzt.

Schlecht gesessen ist manchmal besser, als gut gestanden. Ein **Dreibein-Hocker** läßt sich klein zusammenlegen und bietet doch etwas Komfort. Unverzichtbar beim Angeln mit Schwing- oder Zitterspitze.

Wenn andere der Hunger nach Hause treibt, kannst du am Wasser bleiben - vorausgesetzt, du hast einen kleinen **Esbitkocher**, Trockenspiritus-Tabletten und ein **Feuerzeug** oder Streichhölzer dabei. Jetzt noch ein kleiner **Topf, ein Löffel und eine Konservendose** mit etwas Essbarem drin und schon kannst du eine warme Mahlzeit direkt am Wasser zubereiten. Die schon genannte Plastiktüte bringt alles geruchsfrei wieder nach Hause.

Das Multifunktionswerkzeug »PST II« von Leatherman wird speziell für Angler gefertigt. Neben einer Spitzzange verfügt es beispielsweise über eine Diamantfeile, eine Schere und eine Messerklinge.

Nicht nur zum Öffnen einer Konserve dient ein **Schweizer Taschenmesser** oder besser noch das **Multi-Funktions-Werkzeug** »PST II« des Herstellers »Leatherman«. Mit seinem umfangreichen Werkzeug lassen sich zum Beispiel lose Schrauben an der Angelrolle fest ziehen, kleine Äste absägen oder die Schere durchtrennt Angelschnur. Zudem besitzt es eine Diamantfeile zum Schärfen von Haken und vor allem eine Spitzzange zum Hakenlösen.

Ein **Mückenschutzmittel** hält die lästigen, sirrenden Quälgeister vom Leib – in Muss während der wärmeren Jahreszeit vor allem bei Windstille.

Auch eine **Sonnenschutz-Lotion** schützt deine Haut vor unangenehmen Überraschungen. Mit dem Lichtschutzfaktor 15 oder höher bist du, je nach heller oder dunkler Haut, fast einen ganzen Tag vor Sonnenbrand geschützt.

Mit einem **Fernglas** hast du häufig mehr Durchblick als andere Angler. Mit ihm bleiben dir auch in weiter entferntem Schilf ziehende Karpfen nicht verborgen. Oder du machst einen raubenden Hecht am anderen Ufer aus. Außerdem gibt es rund um den Angelplatz in der Natur eine Menge zu entdecken.

Ein **Fotoapparat** kann unvergessliche Momente festhalten: Das kann der Fang eines besonderen Fisches, ein Bild vom Urlaubsgewässer oder von Angelfreunden sein. Am besten suchst du einen handlichen Apparat mit eingebautem Blitz aus. Inzwischen gibt es sogar wasserdichte Modelle. Die besten Ergebnisse liefert jedoch eine Spiegelreflex-Kamera mit Zoom-Objektiv mit Brennweiten etwa von 28-105 Millimeter. Wenn die letzte Aufnahme schon längere Zeit zurückliegt, sollte vor dem Angeltrip die Batterie geprüft werden.

Eine schöne Erinnerung ist auch ein **Angeltagebuch**. Die Eintragungen darin, wie Datum, Fischart, Größe oder Köder, erzählen auch Jahre oder Jahrzehnte später noch eine Geschichte. Mit dazu eingeklebten Bildern oder eingezeichneten Skizzen wird das noch interessanter. Wenn dazu noch Uhrzeit, Wetter, Außen- und Wassertemperatur sowie Wasserstand und Luftdruck notiert werden, kann es bei laufender Führung auch Auskunft über erfolgversprechende Umweltbedingungen geben. Ein handliches Fangbuch zum Mitnehmen ans Wasser gibt es beim Müller-Rüschlikon-Verlag.

Führst du ein Angeltagebuch mit allen wichtigen Angaben zu Wetter, Wasser und Fängen, kannst du nach einiger Zeit die am meisten Erfolg versprechenden Umstände für ein bestimmtes Gewässer daraus ablesen.

Kescher und Rutenhalter nehme ich...

Recht

Für die meisten Gewässer benötigt man eine **Angelerlaubnis** von dem Eigentümer oder Pächter. Je nach Fischvorkommen oder Geldgier des Besitzers kann sie für einen Tag soviel wie eine einfache Pizza oder wie komplettes Abendessen im Nobelrestaurant kosten.

In Deutschland benötigen Angler zudem den staatlichen **Jahres-Fischereischein**. Er kostet für ein Jahr etwa 6 Euro (Stand 2001), abhängig vom Bundesland. Die Behörden geben ihn nur an Leute mit bestandener **Fischerprüfung** aus. Das gilt mittlerweile genauso in den meisten Bundesländern Österreichs sowie mehr und mehr in der Schweiz.

Die Prüfungen sind sehr sinnvoll, da man bei den Vorbereitungskursen grundlegendes über Gewässer, Fische, Angeltechnik und Umwelt lernt. Sie werden meistens von Angelvereinen abgehalten. Wer noch keine Adresse hat, erfährt sie bestimmt im nächsten Angelgeräteladen.

Gehst du nach bestandener Prüfung glücklich mit Fischereischein und Angelkarte ans Wasser, darfst du unter bestimmten Voraussetzungen selbst Privatgrundstücke betreten, die nicht eingezäunt sind. Allerdings muss der Angler dabei das **Uferbegehungsrecht** beachten, das nur bis einen Meter vom Wasser weg gilt. Irgendwann kommt bestimmt auch ein Kontrolleur des Gewässerbesitzers oder ein Polizist, der deine Papiere sehen möchte.

Falls es kein Polizist in Uniform ist, muss sich der Kontrolleur zuerst durch seinen Kontrollausweis zu erkennen geben. Beim Angeln in einem neuen Gewässer solltest du die Gelegenheit nutzen und dein Gegenüber nach bewährten, nicht allzu bekannten Angelplätzen fragen.

Das waren nur ganz kurz die wichtigsten Punkte zum Thema Fischereirecht. Weitere Informationen gibt es bei den schon genannten Kursen zur Fischerprüfung oder meistens auch bei den Ordnungsämtern der Gemeinden.

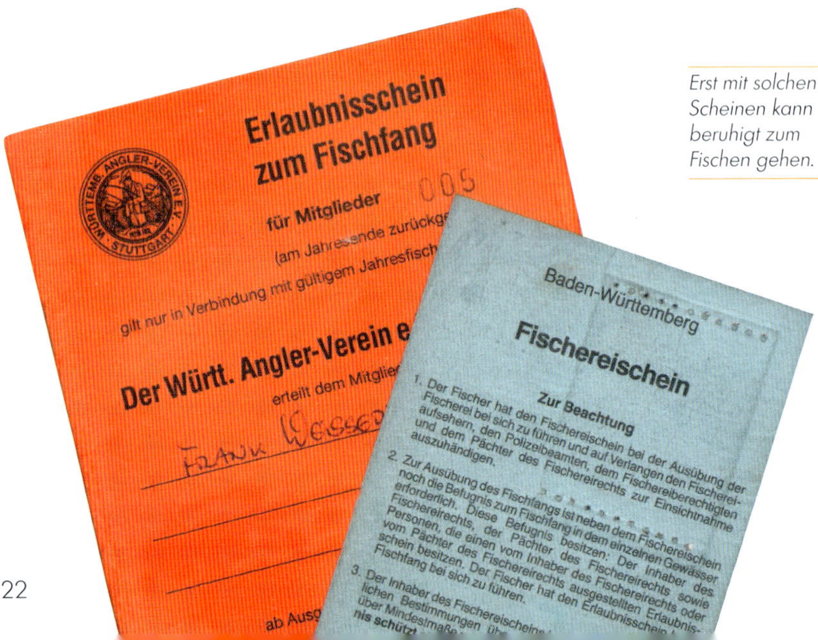

Erst mit solchen Scheinen kann es beruhigt zum Fischen gehen.

Die schönste Art zu fischen

Zwar hast du im Buch bereits die wichtigsten Angeltechniken kennengelernt, mit denen du sicherlich viele Fische fangen wirst. Allerdings stelle ich zum Abschluss noch meine persönliche Lieblingsmethode vor, das Fliegenfischen.

Als Köder dienen hier fast schon kunstvoll gebundene Imitationen von Insekten oder Kleinfischen. Da diese Fliegen oft weniger als ein Gramm wiegen, müssen ein Wurfgewicht sie zum Fisch befördern. Ein Blei kommt nicht in Frage, da die Köder auf dem Wasser schwimmen oder sich möglichst natürlich darin bewegen sollen. Deshalb liefert eine dicke, eigenschwere Wurfschnur das nötige Gewicht.

Der Fliegenfischer schwingt sie mit einer eleganten Bewegung vor und zurück, wobei er die Leine bis zur gewünschten Entfernung verlängert. Gute Werfer erreichen Distanzen von teilweise über 25 Meter. Die Fliege selbst hängt an einem durchschnittlich etwa 2,5 bis drei Meter langen Vorfach.

Insgesamt erfordert das Fliegenfischen eine gewisse Geschicklichkeit, was schon alleine einen besonderen Reiz ausmacht. Zudem musst du das Gewässer und wenn möglich auch die Fische besonders gut beobachten. Schließlich soll der sehr kleine Köder dem Fisch möglichst maulgerecht begegnen.

Im Unterschied zu oft gehörten Behauptungen lassen sich mit der Fliege nicht nur Forellen, Äschen und Lachse fangen, sondern im Grunde alle einheim-

Schon alleine aufgrund der Wurftechnik kommen Hänger über der Wasseroberfläche gelegentlich vor. Der Angler hält eine typische Fliegenrute in der Hand: Eine Rute mit am hinteren Ende sitzender Rolle und dicker Wurfschnur.

Trockenfliegen (links) imitieren auf dem Wasser treibende Insekten, Nymphen stellen unter Wasser lebende Larven dar.

Buch »Fliegenfischen für Einsteiger«, das ebenfalls im Müller Rüschlikon-Verlag erschienen ist.

ischen Fische. Schließlich zählen Insekten zur Hauptnahrung sämtlicher Friedfische und die Futterfische der Räuber lassen sich ebenfalls imitieren. Somit eröffnen sich viele Möglichkeit an jedem Gewässer.

Nicht zuletzt lässt sich das Fliegenfischen recht leicht erlernen. Die Behauptung, dass Fliegenfischen kompliziert sei, stimmt einfach nicht. Das wirst du in einem Kurs bei einer renommierten Fliegenfischerschule rasch erfahren, wobei du Adressen in Fliegenfischer-Zeitschriften findest. Oder du informierst dich näher in meinem

Dieser schöne Döbel ging im Sommer kurz nach Sonnenaufgang auf eine Trockenfliege.

Adressen

Adressen von Vereinen in deiner Nähe erhälst du bei folgenden Fischereiverbänden:

Deutschland

Deutscher Angler Verband (DAV)
Weißenseer Weg 110
10369 Berlin
(030) 97 10 43 79

Verband deutscher Sportfischer (VDSF)
Siemensstraße 11-13
63071 Offenbach
(069) 85 50 06

Österreich

Österreichischer Sport- und
Fischereiverband
Laudongasse 16
1082 Wien
(0222) 4 08 46 29

Schweiz

Bundesamt für Umwelt, Wald und
Landschaft (BUWAL)
3003 Bern
(031) 3 22 93 32

Die Brachse hakte sich an einer Fluchtmontage, die eigentlich Karpfen fangen sollte. Über so einen schönen Fisch sollte sich trotzdem jeder Angler freuen.

Für die Unterstützung bei diesem Buch danke ich

Michael Bernert
Markus Kollmeier
Daniela Pfeilsticker
VAS Angelgeräte, Steinenbronn
Joachim Stollenwerk (www.raubfisch.com)
Jochen Rüdenauer